靈鷲山 2019 弘法紀要

Annual Collection of Dharma
Propagation of the Ling Jiou Mountain
Buddhist Society 2019

慈悲與禪

子子孫孫
好事連連
家家富貴
代代相傳

庚子 心道

導言

　　時間過得真快，又到歲末年終之際，回顧這一年來，生命中發生很多轉變、很多事情。所有的事情都是因果的環環相扣，每一個因緣成就了下一個因緣的產生或幻滅，一切都是緣起，都只是因緣間的聚散變化。世間的種種樣貌、生活的好壞起伏，勞心傷神的人們，總被業力牽引，沉淪在因緣果報中無法出離，試問何時才能明瞭世間萬法只是現象流轉？心的本地風光其實不曾變化，怡然自在。

　　或許，山林隱逸，暮鼓晨鐘，讓心能停下，找到一條能回家的路。不禁想起四十幾年前，心道師父獨自一人在墳場苦修，用禪來超越孤獨與寂寞，用寂靜來收攝心念，讓心能夠真正的自在。今年二月的春安居49禪關中，師父說：「我們坐禪是坐什麼？就是『坐見本性』，坐見我們的本來面目。」禪是什麼？禪就是讓心回家，怎麼找到那條回家的路？就是跟著師父的引導，回到本來面目。靈鷲山每年定期舉辦禪修閉關，心道師父更是年年親赴歐洲傳法，用殊勝的四步驟禪法，帶領這些參禪多年的老參們，學習聆聽寂靜、放下一切，進入離相的世界。十月，教團首度在劍潭舉辦，兩千人共修的三日禪；十一月舉辦揚州三日禪，讓全世界更多人都能領受師父親傳的禪法，用專注清楚的覺知，離開分別對立的執著，認識真正的自己，回到無形無相的心。

　　禪是一種神奇的能量，修行者想從中尋得開悟的智慧。禪不只是打坐，個人修行與菩薩道是相互含攝的，「禪與慈悲」也是互攝的，「悲智雙運」才是成佛解脫的真正法門。師父的一生修行，從禪的自在無礙到華嚴的圓滿無盡，從個人的修行開展出弘法利生的菩薩道志業，這是四期教育的根基與基礎，也是靈鷲山各項志業的實踐根本，所以我們靈鷲人齊心跟著師父，推動弘法志業，把每一件事都做到最好。在今年四月的「千萬大悲愛地球」，凝聚眾人的善心善念，來祈願地球平安。八月的水陸法會，我們與六道群靈一同進行了一場冤親平等、轉識成智的生命大學習、大共修。十月，阿含高階課程在全國各講堂開課，以〈三十七道品〉讓眾生生起解脫出離的智慧。十二月的華嚴法會，就是

一場圓滿的感恩法會，讓心跟隨著華嚴的次第，十信、十行、十住、十迴向到十地，一同成就不退轉的佛道。

如何才能成佛？福慧是成佛的資糧。福慧雙修就是「上求佛道、下化眾生」的重要根基，智慧能照亮一切、滅除煩惱，福氣能化解各種障礙、累積更多善緣，幫助眾生邁向離苦得樂之道。佛陀就是圓滿具足的福慧兩足尊。為了累積眾生的福氣，我們將在福隆推動「福至心靈，眾心成城」的「福城計劃」，這裡將會成為我們學佛、學法、學禪的弘法基地，大家一起發心發願、創造福氣，也成就智慧、自利利他，一同來建造福城，成就華嚴聖山。

這份福氣，也從臺灣吹到了緬甸，我們將成立生命和平大學。首先在一月，冬季實驗學校開課，經過法師、教授、學生共同研究，提出可落實的方案來化解地球危機，並用禪的能量喚醒人內在的靈性，用這股能量激發出本有的慈悲與智慧，用愛讓地球平安。這所大學將會成為推廣愛地球、愛和平的平台，讓我們用這份靈性的力量，為地球積福培德，福氣滿滿，才能「子子孫孫，好事連連；家家富貴，代代相傳」，讓地球永續，生命永續。

最後，靈鷲山走過這三十多年的歲月，我們一直依循著師父的法教，向內尋求一條讓心回家的路，向外為了眾生在菩提道上耕耘播種。感恩大眾，為了眾生不辭辛勞，雖然事務繁多，但我們依然要守住寧靜平和的一顆真心，自然一切自在無礙。

願大家 皆能發心求正覺，忘己濟群生，福慧圓滿，阿彌陀佛！

釋了意 合十

目錄

總論

　　二〇一八年十月，聯合國政府間氣候變化專門委員會（IPCC）在仁川會議發出「關鍵十二年」的最後警報，警告在二〇三〇年之前，如果不能控制二氧化碳的排放量，並且控制地球溫度的上升，那麼全球暖化將引爆氣候和生態環境災難，地球和人類以及其它地球生命都將毀滅，而留給人類拯救地球所剩的時間不多了。心道法師認為，地球就像人一樣，都是有機的生命體，生命與生命之間彼此是連結的。因此，心道法師在二〇一八年加拿大多倫多的世界宗教大會（PoWR）上，首度向世人提出「多元共生、相依相存」的靈性生態倫理，認為我們應該從靈性的力量出發，療癒地球，唯有地球生命的永續，人類的生存才能永續。

　　心道法師從禪的體證中，認識到生命之間的連結猶如華嚴世界中的因陀羅網，彼此相互輝映、重重無盡。所以心道法師提出「愛地球、愛和平」作為靈鷲山志業的核心價值與精神，並在二〇〇一年，創建世界宗教博物館作為推動宗教與世界和平的平台。未來，心道法師將在緬甸建設生命和平大學，不僅做為推廣和平的機構，培養推動和平的種子，也將作為推動愛地球的基地，以科學的精神，橫跨人文、自然與宗教領域，尋找解決地球危機的方法。面對地球的危機與衝突，在日常實踐中，靈鷲山在心道法師的帶領，以「寧靜、愛心、對話、素食、再生、節約、減碳、節水、綠化」的「九大生活主張」，鼓勵簡樸生活、環保再生、支持鯛魚（生態）保護、復育原生種植物、認養海岸淨灘、開闢弄曼有機農場，用實際行動愛地球。

　　二〇一九年，在宗風－禪與慈悲的推廣上、在修行與弘法上，仍是依著「愛地球、愛和平」的精神，不斷地持續精進與發展。心道法師認為「修行即弘法、弘法即修行」，在修行中不忘記弘法、不忘記眾生，在弘法中，不忘記守護心的安定，專注在心的清楚上。因此，修行與弘法不二，是靈鷲山在入世弘法、推動志業的特點。每年四十九天的春安

居、秋季禪十的禪修閉關是靈鷲山的修行特點，讓僧信二眾在禪的寧靜中尋找自我，充實內心的能量，讓靈鷲山的弘法志業，都能充滿能量地、穩步地開展下去。而靈鷲山平安禪的系列課程與體驗（禪一、禪三、禪七）也受到社會大眾的重視，整體參與的人數，也有顯著的增長。比較特別的是，今年靈鷲山在臺北劍潭青年活動中心舉辦由心道法師親自帶領傳授的大型禪三課程。

而已經舉辦二十六屆的水陸法會，則是靈鷲山最盛大的法會，今年水陸法會的主題是「息災解厄」，呼籲大眾落實愛護地球的和平理念。另外，每年四月舉辦的廿一天「大悲咒共修」，讓精進修行的眾人與觀音菩薩的慈悲精神搭上線，歲末的「華嚴法會」共修，則是所有靈鷲人在整年來馬不停蹄地做了許許多多利益眾生的善行後，收攝自心，並藉著這個法會回向眾人善業具足、都能成就佛道。今年，在觀音菩薩聖誕、成道日及出家日靈鷲山舉辦了大朝山活動，眾人在行走跪拜中禮敬諸佛、懺悔罪障，與觀音的慈悲相應，祈求解冤解業、諸事平安。同時，靈鷲山也舉辦了多次的朝聖活動，心道法師更親蒞尼泊爾及緬甸，為尼泊爾朝聖團及每年歲末的緬甸朝聖供僧團開示、帶領禪修。

解行並重的「四期教育」，是靈鷲山教育的成佛藍圖。今年靈鷲山三乘佛學院上半年在全臺各區講堂推出「阿含禪」課程，下半年推出「阿含高階主題課程—解脫之門」，並在中國大陸、馬來西亞、泰國等地，舉辦阿含課程與生命關懷課程營隊；並持續邀請緬甸全國上座部巴利大學校長鳩摩羅尊者與及教務主任Ashin Therasabha為僧眾講授南傳專題「大念處經」及「攝阿毗達磨義論」，也邀請藏傳佛教寧瑪噶陀派傳承及印度德拉敦地區寧瑪大寺敏卓林佛學院院長堪祖拉尊仁波切昆秋韋瑟講授「中觀」系列課程。

博物館法立法後，臺灣第一座合法登記的私立博物館的世界宗教博物館，今年繼二〇一八年十一月推出的「深河遠流──南傳佛教文化特展」後，陸續在二〇一九年推出「供養藝術──心、器、法的對話」、「布施自在──廖芳英布貼聖像畫作品展」、「樂齡天團──老而彌堅的熱力」、「愛與和平──兩岸書法交流展」以及「千年摩崖・刻經拓

11

碑＆漢字記憶空間」等特展。五月時，籌備三年多，結合了多元宗教、信俗文化、生命教育等資源，以及多種數位化資料及互動學習裝置的世界宗教博物館資源學習中心，也在五月十八日世界博物館日開幕。

一、行持大悲 觀音再現

靈鷲山是以觀音菩薩的慈悲喜捨精神為法門的修行道場，觀音菩薩的〈大悲咒〉是靈鷲人每日重要的修持功課。心道法師勉勵信眾每日固定持誦〈大悲咒〉，與觀音菩薩濟世度眾的精神相應；靈鷲山各區會講堂每月例行舉辦「大悲咒共修」、總本山每年的「大悲閉關21」閉關，以及由各區輪流舉辦的「大悲行腳」。而從二〇一八年起，靈鷲山發起觀音三會大朝山活動，在觀音菩薩的聖誕（農曆二月十九日）、成道日（農曆六月十九日）及出家日（農曆九月十九日）分別舉辦朝禮靈鷲聖山活動，再再體現靈鷲人在大悲修持的實踐。

今年心道法師親自前往東南亞地區主法多場觀音法會，帶領海外信眾共修。讓信眾透過聞法共修，發起菩提心，發願接引大眾一起學習佛法。靈鷲山水陸空大法會，依循往年慣例，邀請跨宗教、宮廟代表及桃園市府官員、議員等貴賓，今年以「感恩大地 地球平安」為題，舉辦宗教聯合祈福會，藉由感恩儀式匯聚善念，為臺灣、地球、眾生祈福。

（一）大悲閉關21

靈鷲山在二〇一二年啟建首場的「大悲閉關21」，以共修方式攝心持咒、經行繞佛，共振出慈悲眾生、精進修持的能量，並將這股能量回向給多災多難的地球及一切眾生。今年「大悲閉關21」閉關期間，適逢422世界地球日，靈鷲山於多羅觀音道場舉辦「千萬大悲愛地球」募經祈福活動，將從二〇一二年啟建至今共累計一千一百萬遍的〈大悲咒〉迴向地球平安。圓滿日當天，心道法師親為圓滿閉關的精進學員進行兩年一度的灌頂，傳授「聖千手千眼大悲觀音成就法」。

除了大悲閉關的修行，靈鷲山也在二〇一五年起，每年由各護法區會輪流籌辦「大悲行腳」活動，第一屆在靈鷲山祖庭寂光寺旁的龍潭湖湖畔，今年，由西區護法會在桃園舉辦，以「幸福桃園，地球平安」為

題，號召社會大眾加入持誦〈大悲咒〉的行列。活動圓滿之際，大眾將當日所持的〈大悲咒〉，共同迴向地球平安，社會平安，以實際行動推廣「愛地球、愛和平」理念。

（二）靈鷲山第二十六屆水陸空大法會

水陸空大法會緣起，為早年心道法師於塚間苦修時，發願為眾生修薦超度法會。從一九九四年至此，心道法師為實踐弘法承諾，年年遵循傳統儀軌啟建水陸法會，為眾生超薦解冤釋結。

靈鷲山在每年啟建「水陸空大法會」前，會先行啟建五場水陸先修法會，讓功德主透過這五場水陸先修法會，清淨累劫無明所帶來的業障，同時將功德迴向水陸空大法會順利圓滿。今年第四場先修法會於高雄巨蛋體育館啟建「孔雀明王經暨五大士瑜伽燄口法會」，在法會前夕特別舉辦「皮卡克親子迎佛音樂市集」，以溫馨的表演吸引大眾親近法會，並且迎請靈鷲山富貴金佛南下高雄，為當地民眾祈福。

今年第二十六屆水陸空大法會，以「息災解厄」為大會主題，呼籲大眾落實愛護地球的和平理念。在內壇結界儀式，現場齊聚來自海內外數千名信眾穿著海青，共同持經、持咒與觀想，禮敬這場大齋勝會。而來自世界各國的功德主們穿著自己國家的代表服裝進行「國際獻供」，展現出靈鷲山弘揚到各國的影響力。

（三）觀音法會

靈鷲山今年在東南亞地區舉辦多場觀音法會，由心道法師親自帶領當地信眾聞法共修，與觀音菩薩連結，學習觀音菩薩的慈悲與願力。今年首次在馬來西亞柔佛地區啟建「觀音百供消災祈福法會」，法會現場的功德主及志工菩薩，在心道法師的帶領下，學習觀音菩薩的法教，得到觀音菩薩慈悲的傳承。

馬來西亞吉隆坡在今年是連續第九年啟建「觀音薈供消災祈福大法會」。能連續多年圓滿啟建觀音法會，代表著所有善緣的具足。大眾跟著觀音菩薩的道路，發願跟隨觀音菩薩的願力，與觀音菩薩生生世世的連結，精進學習佛法，不忘卻修行。

（四）觀音文化論壇

靈鷲山在二〇一八年於下院聖山寺安座百八觀音及藏傳寧瑪噶陀傳承的千手千眼觀音彩繪銅雕佛像，隨之舉辦「觀音文化國際論壇」，邀請來自日本、尼泊爾等地百八觀音相關的研究學者，就觀音信仰文化的流傳，及觀音造像藝術等主題進行探討，希望能深化對觀音信仰的認識與弘揚。

為延續觀音文化信仰研究的成果，今年特別擴大舉辦第二屆的觀音文化國際論壇，並再度邀請日本百八觀音權威高岡秀暢法師（Ven. Master Hidenobu Takaoka）、尼泊爾觀音研究學者蘇仁德拉曼·巴哲拉查瑞亞博士（Prof. Dr. Surendra Man Bajracharya）、中華維鬘學會名譽理事長鄭振煌教授、日本同朋大學前校長中村薰教授（Prof. Kaoru Nakamura）、臺灣佛教藝術學者郭孟佑老師、靈鷲山恆明法師等學者專家，以「多樣性觀音文本」為題，從文獻、歷史、藝術、科技等不同面向認識觀音，論述觀音信仰的流傳展現「人間處處是觀音」的慈悲精神。

未來，觀音文化國際論壇將走入國際，先在臺灣、日本、尼泊爾等地輪流舉辦，匯聚探討這三個地方的觀音信仰現象與型態，並期許在這一過程中，讓觀音菩薩的大悲精神能廣為世人所認識與信仰，也能在觀音菩薩的大悲精神的指引下，擴展為對眾生、對地球的愛與慈悲，形成愛地球、療癒地球的實踐力量。

（五）宗風共識

為讓全體靈鷲人連結彼此，讓僧眾再到職工，都能貫徹「慈悲與禪」的宗風，每年會分別為常住僧眾、及護法信眾與職工舉辦宗風共識營。授課內容以靈鷲山的宗風、六項生活原則及靈鷲山志業為主題，讓不同工作崗位的委員、志工及同仁，能在共同的見地下，實踐靈鷲山的宗風與志業。

五月，首先於下院聖山寺為職工舉辦兩梯次的宗風共識營，授課法師以活潑互動的方式，為大眾說明六項生活原則，並引導職工就每天不

同的工作狀況，學習如何將六項生活原則導入日常。八月時，靈鷲山特別為常住僧眾舉辦為期五天的「徒眾講習」，心道法師特別勉勵僧眾要無我、無相地精進修道，用禪與慈悲承擔起如來家業。

靈鷲山護法會則分別開辦「儲委精進營」、「委員成長營」、「幹部四季成長營」，希望透過這些課程，讓每位護法信眾都能循序漸進地精進佛法、更深入地認識靈鷲山的各項弘法志業，並成為護持佛法、弘揚佛法、利益眾生的不退轉菩薩。

第七屆亞洲宗風營，今年於中國南京佛光山祖庭大覺寺舉辦。每年的宗風營召集了靈鷲山亞洲各國護法幹部，深入認識心道法師的法教思想與靈鷲山的弘法志業，並互相交流修行與弘法經驗。期盼在每一次的課程、聚會中，讓每一個階段的護法善信，都能更了解靈鷲山，共同為弘揚佛法努力，種下更多的菩提種子。

（六）靈鷲山普仁獎

靈鷲山普仁獎於二〇〇三年創立，緣於心道法師感念「心」貧窮，是當今社會需要面對的問題。而生命教育與品德教育，在現今社會更是難得。尤其是一群正在面對生命的逆境，家庭相對弱勢的孩童身上，孩子們所呈現出來的正面與樂觀的精神更顯珍貴。

今年全臺各地區評選出九百九十七位學童獲頒普仁獎學金，最後從中挑選出六十位獲得全國普仁獎的得主。期盼透過普仁獎的鼓勵，照亮這群孩子；同時也感謝這群孩子，以自身的光明，照亮社會的每一個角落。

二、平安禪法 找回本性

「慈悲與禪」是靈鷲山的宗風，一心、二愛、三好、四給、五德、六度的「六項生活原則」是靈鷲山實踐慈悲與禪的生活原則。這兩者，皆以守護自心的禪為核心出發，提醒靈鷲人在弘法的過程中不迷失、不忘初發心。靈鷲山的平安禪包含調息、淨心觀照、覺知出入息、聆聽寂靜四步驟，是心道法師以其長年實修體驗，歸納出適合現代人在忙碌的

生活中，隨時隨地攝心專注，讓心停歇的法門；也是適合老參新學離塵體驗的禪修法門。近年，靈鷲山逐漸建立起平安禪的修習體系，從平安禪初、進階課程、各區會的每週平安禪共修，再到在本山上院無生道場的禪一、禪三、禪七、禪十、禪二十一，逐步地引導行者從體驗到體悟禪修的喜樂與清明。

（一）僧俗二眾春秋安居閉關

靈鷲山在二月、九月分別舉辦「春安居閉關」及「秋季禪十閉關」；並於十二月啟建「二〇一九年靈鷲山華嚴法會」。四十九天的春安居閉關，已行之有年，包含了宗委法師的四十九天閉關、僧眾二十八天閉關以及二十一天的信眾閉關，讓行者在長時間的閉關中，逐漸脫落身心的垢染，在清楚與明白中找回被無明煩惱所遮蔽的清淨本心。而水陸法會過後的秋季禪十，讓常住僧眾在年度盛事的繁忙中，重新整理自心，從「心」出發地走在濟世度眾的菩薩道上。

在年末，靈鷲山啟建「華嚴法會」，僧信二眾在為期十七天的法會中，虔誠共修八十卷《大方廣佛華嚴經》。今年也首次舉辦線上共修活動，讓無法前來的信眾，也能一同共修，感受諸經之王《華嚴經》的富貴與殊勝。同時下院聖山寺金佛殿也舉辦「華嚴經柱裝臟大典」，讓護持聖山福城的功德主，將刻有自己姓名的銘版，裝臟入聖山寺華嚴經柱，獲得加持護佑。

（二）平安禪

為推廣平安禪，靈鷲山在上院無生道場、全臺各區會講堂，以及海外講堂中心皆定期舉辦平安禪修課程，各區會定期舉辦的「一日禪」。特別的是在今年十月，恭請心道法師親臨臺北市劍潭青年活動中心教授平安禪法課程，這是心道法師首次在臺北市中心舉辦禪修課程，讓更多對禪修有興趣的都會民眾，體驗平安禪修的寧靜與喜樂。

從四月開始，心道法師陸續前往馬來西亞，五月在德國、奧地利，六、七、九月在馬來西亞，十月心道法師於靈鷲山尼泊爾密勒日巴國際禪修中心教授朝聖團團員平安禪修。十一月在中國揚州鑑真圖書館帶領

三日禪。信眾把握每次與心道法師面對面學習禪修的機緣，接觸、認識、體驗禪修，透過禪修調整自心，利樂一切有情眾生，讓自身離苦得樂。

（三）全球心寧靜教師團

靈鷲山全球心寧靜教師團於二〇一一年成立，以「播撒心寧靜種子，成就心寧靜生命，創造心寧靜的世界」為核心理念，推廣寧靜運動。心寧靜教師團以心道法師的一分鐘平安禪，結合教學會談，幫助孩子成為情緒的主人，學習與自己共處，進而促進學習力增長。全球心寧靜教師團以「靈鷲山兒童生命教育——心寧靜運動」教材，搭配心寧靜的三項工具：寧靜手環、一分鐘平安禪、寧靜之歌串起寧靜運動，將寧靜的力量散佈在校園的每一處，讓每個孩子都能體會到寧靜的力量。

今年全球心寧靜教師團，分別在臺灣及馬來西亞等地，進入到中、小學校園、及幼兒園中，推廣心寧靜教學。值得一提的是，暑假期間舉辦的「心寧靜～情緒管理教學」教師研習營，超過百位老師參加，足見靈鷲山推動的心寧靜教學的生命教育，獲得各學校及老師的歡迎。

三、從四期教育開展成佛之道

二〇一三年，心道法師提出「生命和平大學習」，靈鷲山開始推動四期教育教學，讓眾人在解行並重的學習中，逐步走向成佛的菩提大道。從阿含初階的「初轉之法」、進階的「無我之道」，到今年高階的「解脫之門」，而今年上半年也在全臺各區會講堂開設「平安禪進階課程（阿含禪）」，靈鷲山已經逐步地完整阿含期的教育。

（一）僧眾教育

今年僧眾教育，從年初邀請靈鷲山研究員為常住僧眾講授「愛地球、愛和平」專題課程，說明辦理生命和平大學冬季實驗學校的見聞與心得，讓僧眾了解生命和平大學的理念與進程。接著，在四月、十一月再度禮請藏傳堪祖拉尊仁波切昆秋韋瑟為僧眾講授「中觀專題：中觀莊嚴論釋」課程。五月，禮請到緬甸仰光全國上座部佛教巴利大學校長鳩

摩羅尊者（Bhaddanta Dr. Kumara）及教務主任Ashin Therasabha，為全體僧眾講授南傳專題的「大念處經」及「攝阿毗達磨義論」，這也是繼二〇一五年開始，連續五年禮請到鳩摩羅尊者來臺授課。

六月，心道法師親為常住僧眾及龍樹生命和平教育課程的學員傳授藏傳四加行。這是心道法師自二〇〇五年以來，時隔十四年，再次傳法。九月，靈鷲山迎來藏傳佛教噶舉傳承第八世噶千仁波切來山，為僧眾主講「般若專題：大手印心性指引」。

（二）信眾教育

信眾教育，今年為臺灣及馬來西亞、泰國地區的信眾及榮譽董事開設「四期教育專題 —— 生命關懷」營隊課程。讓大眾透過佛法的教育，從容的面對生命的無常，提醒大眾不是在臨終才開始面對死亡，而是從生到死，都要善待生命。在馬來西亞柔佛及泰國所舉辦的「生命關懷」海外營隊，創下參與人數的新高，新緣佔有全體學員近五成的比例。尤在馬來西亞柔佛地區，更創下學員總數單場破兩百人的紀錄。

慧命成長學院在全臺各區會講堂開設「阿含高階課程 —— 解脫之門」，也分別於馬來西亞、上海舉辦四期教育初階或進階課程，期盼不同地區的學員，都能學習到心道法師的四期教育法教，並將佛法落實在生活中，實踐佛法走向解脫之門。

佛學教育中，世界宗教博物館生命和平多元空間舉辦第二屆「藏傳淨障積資實修」課程，禮請到藏傳堪祖拉尊仁波切昆秋韋瑟為大眾授課。五月，也禮請到鳩摩羅尊者教授第二屆「國際南傳佛教課程」在家居士必修學分班，課程包含《安般念經》、《三寶經》、《慈經》。

世學方面，宗博館生命和平多元空間舉辦「香藥茶道學」課程。邀請茶道學專家林淑子老師，從易經、陰陽、五行、六十四掛象的角度，以茶、香為主要素材，來講授茶療養生在節氣上的運用，引領大家透過思維生活，讓生活更圓融與和諧。

龍樹生命和平教育中心，在今年舉辦第一屆「龍樹EPL生命和平大學習」畢業典禮。在二〇一六年正式籌辦以來，為全球的青年學子所打

造的一個融合佛法與實修的修習課程。課程期間，禮請不同傳承的尊者以及專家學者教授課程，以三年完整次第的教育課程，培育學員成為具有多元共生世界觀的實踐者，未來在社會中不同領域成為愛與和平的領導者。

四、愛地球 愛和平

「愛地球、愛和平」是心道法師的志業理念，為此，心道法師創建了世界宗教博物館、「愛與和平地球家」國際非政府組織，現在心道法師在緬甸開辦了弄曼大善園寺，包含沙彌學院與弄曼農場，未來還有文化中心、禪修中心以及醫院等建設。除此，心道法師也將在緬甸開辦生命和平大學，做為推動愛與和平的基地、培養愛與和平種子的機構。為了護持心道法師「愛地球、愛和平」志業，靈鷲山辦理各種活動，凝聚臺灣及國際社會的力量，共同推動地球和諧與平安。

（一）世界宗教博物館特展

今年五月，世界宗教博物館位於六樓的資源學習中心（信俗文化資源交流中心），於國際博物館日（05/18）正式啟用。以館史、多元宗教、信俗文化、資源中心為主題分別展出，結合多種數位化資料及互動學習裝置，讓前來參觀的民眾及學童，藉由多媒體互動裝置，讓參觀世界宗教博物館之行更添趣味。

結束二〇一八年年末至今年三月，廣受好評的「深河遠流──南傳佛教文化特展」，世界宗教博物館於五月推出「供養的藝術──心‧器‧法的對話」與「布施自在──廖芳英布貼聖像畫作品展」雙特展。「供養的藝術」特展以人們的「心」意、上供的「器」物，與信仰的教「法」三者為核心，詮釋供養藝術的內在精神與美學。第二展區的「布施自在」特展，由布貼畫藝術家廖芳英女士以布料為素材，以諸佛菩薩為主題的作品，展現愛與奉獻、慈悲大愛的精神。

八月，以「高齡生命教育」為主軸，推出「樂齡天團──老而彌堅的熱力」特展。讓民眾探索健康長壽之樂、學習實踐之樂、仁民愛物之

樂與分享天倫之樂等生活樂趣。展出華人社會熱門的文化象徵，多種以
「壽」為主題的蒐藏品，象徵長命富貴的意涵。

十一月，宗博館慶月，世界宗教博物館集結海峽兩岸二十六位著名
書法家作品，展出「愛與和平 —— 兩岸書法交流展」。參展的書法家，
皆以「愛」跟「和平」的古字，呈現出不同樣態的作品，體現出文人對
內心和平的實踐。同期，也與中國山東濟南石敢當摩崖藝術博物館合
作，推出中國北朝時期的「千年摩崖・刻經碑拓特展」與「漢字記憶空
間特展」，讓參觀民眾藉由與實品等比例的拓本，感受到當年刻印的筆
觸及文字的力量。

（二）國際交流

靈鷲山在二〇一九年迎接來自不同國家與宗教信仰的貴客，在年
初，靈鷲山在和平志業的盟友，來自天主教會臺灣地區主教團鮑霖神
父，特地在天主教會主教團適巧在臺舉辦大型活動的期間，安排主教團
來自義大利、印尼、菲律賓、孟加拉、日本及中國等地區神父前來靈鷲
山參訪。

六月，中國閩南佛學院常務副院長界象法師、副院長淨心法師帶領
第十六屆畢業僧參學團來臺，特別來到世界宗教博物館參訪。在看到心
道法師將各宗教融合，在宗博館呈現出不同文化視野，令學員讚嘆大師
的胸懷若谷。九月，中國佛教協會副會長兼西安大慈恩寺方丈增勤法師
帶領中國佛教協會國際部悟一法師、陝西佛教協會、新疆維吾爾自治區
佛教協會法師，及中華宗教文化交流協會國家宗教局、中華國際供佛齋
僧功德會居士等一行，也特別上山拜會心道法師。

九月、十二月，心道法師分別與來自韓國曹溪宗全國禪院首座會共
同理事長暨韓國上院寺住持義正法師與玄潭法師、慧福法師；及泰國曼
谷地區的波拉查汪廟等十九間寺廟的大住持比丘會面。期盼在與不同佛
法傳承的交流中，持續推廣「愛地球、愛和平」的理念。

十一月時，在世界宗教博物館舉辦了別具特色的「世界宗教文化體
驗 —— 錫克教慈善廚房」（Guru Ka Langar）」活動，由博物館與印度

國際文化交流單位合作。慈善廚房（Langar）體現出錫克教「平等」教義，由一群志工自願性準備食材，邀請不同種族、宗教、性別、地位與國籍的民眾前來用餐。對錫克教徒來說，能夠為大眾服務是一種無上的榮耀。心道法師表示：「錫克教的慈善廚房，展現『素食環保』行動，正是因應現在地球暖化的情勢，與靈鷲山『愛地球、愛和平』的行動是一致的」。

（三）在緬甸的發展

1.朝聖供僧與短期出家

每年歲末，靈鷲山皆會舉辦由心道法師帶領的緬甸朝聖供僧之旅，以及「南傳短期出家修道會」。今年「第七屆南傳短期出家修道會」暨「第三屆女眾南傳短期出家修道會」於仰光大善園寺國際禪修中心舉辦。戒會禮請緬甸仰光全國上座部佛教巴利大學校長鳩摩羅尊者、心道法師為大眾擔任尊證。今年受戒的戒子，有來自中國、臺灣、馬來西亞、新加坡等地，共一百一〇位戒子發願剃度受戒。

緊接著短期出家戒會，在十二月初，「第十八屆緬甸朝聖暨供萬僧法會」由心道法師率領剛結束短期出家的戒子學員，及朝聖團學員陸續在仰光、曼德勒、勃固、弄曼等地朝禮聖地並供養比丘、沙彌及八戒女等眾。

2.弄曼大善園寺的經營

弄曼沙彌學院，以教養緬北失學孤兒為主，配合當地政府的教育方針，除了學習世學課程，培養學子的生活技能，擁有謀生能力，擺脫貧困。同時開設佛學課程，養成學員擁有良好的佛法人格教育。期許培育更多國際弘法的和平種子，為愛地球、愛和平盡一份心力。

在僧眾法師與當地比丘教師的教導下，今年沙彌學生參加了緬甸「臘戌巴利考試」以及「全國巴利文基礎考試」，紛紛屢獲佳績。尤其在「臘戌巴利考試」其中的沙彌戒背誦、基礎巴利經典背誦及筆試項目中，共有兩百〇二位沙彌獲得優等的成績。

年底，緬甸弄曼大善園寺綠玉寶富貴殿坐佛開光儀式，心道法師親臨主持。儀式當天，邀請緬甸中央僧伽委員會常委暨秘書長巴丹達・桑蒂瑪畢萬薩尊者及委員會副主席、副秘書長與兩位委員。同時禮請到緬甸仰光全國上座部佛教巴利大學校長鳩摩羅尊者、緬甸曼德勒上座部巴利佛教大學副校長巴丹達・固穆達，以及不丹國師偉瑟仁波切及臘戌僧伽委員會主席曼殊比丘尊者，及當地比丘、八戒女以及各界貴賓等近兩千位僧信，共同見證開光儀式。

弄曼農場，以友善大地的方法種植經濟作物，平時必須面對當地土地法令的繁雜、以及土質改良、各種蟲害、人力不足等挑戰。在漫長及辛苦的土質改良過程，靈鷲山法師與緬甸生命和平大學計畫主持人邁克爾・馮・布魯克教授，今年也共同前往拜會緬甸仰光等地推動生態環保運動的專家學者，及有機農業土壤保育專家、環境能源專家進行座談。希望與具有相同目標的專家，共同地球永續農業的發展努力。

3.慈善基金會深耕緬甸

靈鷲山慈善基金會透過緬甸仰光大善園寺及弄曼大善園寺為平台，藉由醫療及教育深耕緬甸，慈善方面，在基金會的協助下，邀請臺灣多家的醫學醫療體系及協會，率領團隊前往緬甸當地偏鄉地區、學校進行醫療義診。在教育方面，與在地華僑學校結合，進行華僑學校的華文教師增能培訓課程。靈鷲山為緬甸所進行的種種善行，深受當地居民一致肯定，讓臺緬兩地友誼因此更加深化。

靈鷲山慈善基金會結合臺灣退休的優秀教師，連結緬甸當地的華文學校，辦理華文教育；同時培育當地師資，以增強華文教學的能量。為當地下一代的華人學子，提供更多受教育的機會，期盼藉由深耕緬甸的教育，提升孩童生活環境及未來的發展。

在醫療義診方面，慈善基金會成功促成臺北市立萬芳醫院，將市價兩百萬臺幣的胃鏡設備捐贈給緬甸臘戌市社會福利會使用。以利當地社福事業發展，利益當地貧困或需要幫助的弱勢民眾，獲得醫療的照護。同時，與臺灣口腔照護協會（TOCA）連續第三年合作，前往緬甸仰光

舉辦「口腔衛教種子講師培訓」，然後轉往上緬甸臘戌市偏鄉村落及靈鷲山弄曼大善園寺沙彌學院進行醫療義診與口腔保健課程。而長庚醫療體系也組成「送愛到緬甸義診醫療團」國際志工團隊，結合靈鷲山在緬甸當地的行政支援，於緬甸臘戌社會福利會、果敢村、弄曼村，及靈鷲山仰光、弄曼大善園寺及沙彌學院進行醫療義診。

（四）生命和平大學

二〇一九年，靈鷲山在緬甸所推動「愛地球、愛和平」的目標，又邁開了一大步。一月，靈鷲山於仰光大善園寺國際禪修中心舉辦第一屆的「生命和平大學冬季實驗學校」，邀請來自德國、荷蘭、俄羅斯、中國、韓國、馬來西亞及臺灣等十四個國家，共三十五位專家教授與研究生來到佛國緬甸，以「解決生態危機的根源：邁向新戰略」為題，舉辦為期兩週的研究課程。生命和平大學是以全球生態倫理為本，結合各科學專業領域共同合作，提出有益地球永續的方案，實踐萬物永續發展為目標的基地與平台，並培育和平種子，到社會的各個領域推動「愛地球愛和平」的方案。六月時，位於勃固的生命和平大學預定地，舉辦恭迎和平大佛安座法會，象徵生命和平大學建設邁向新的里程碑。

五、結論：

回首靈鷲山在二〇一九年弘法志業的開展，綜觀觀音法門的修持、平安禪法的擴展，再到靈鷲山僧信人才的教育，與全球不同宗教、佛教團體的交流互動。以及位於緬甸的生命和平大學的建設發展，都有明顯的開展與收穫。

庚子鼠年即將到來，今年靈鷲山春聯墨寶題字為「子子孫孫，好事連連；家家富貴，代代相傳」。這是一份具有愛、傳承、永續的春聯提字。如同心道法師曾開示，愛與和平是人類最強大的力量，也是留給子孫們最珍貴的禮物與祝福。從我們開始，要從行善與孝道做起，啟動良善的循環，讓我們世世代代、子子孫孫都能獲得庇蔭。

　　二〇二〇年，靈鷲山護法會將迎來成立三十週年。這三十年來，靈鷲山護法會護持佛法、護持心道法師及靈鷲山各項的弘法志業，這期間，靈鷲山創建了世界宗教博物館、連續二十六年啟建國內罕見、規模盛大的水陸法會，以及各項的弘法活動，無數的護法信眾在其中奉獻、服務，不畏辛勞、不求回報。靈鷲山能有涉及各領域的志業，是一位位護法信眾，一點一點心力累積而成，我們感謝護法信眾的付出與奉獻，讓心道法師與靈鷲山的志業成長茁壯。相信在心道法師致力於「愛地球愛和平」運動推廣上，靈鷲山的護法信眾仍是心道法師與靈鷲山最重要的護持力量。

壹月
January

生命和平大學
冬季實驗學校開課
以靈性力量化解地球危機

↑心道法師與學員們前往緬甸仰光大金塔點燈供花祈福。

　　二〇一九年初，靈鷲山於緬甸仰光開辦「生命和平大學冬季實驗學校」，邀請來自德國、荷蘭、俄羅斯、中國、韓國、馬來西亞及包括臺灣等十四個國家，共三十五位教授與研究生來到佛國緬甸，以「解決生態危機的根源：邁向新戰略」為題，舉辦為期兩週的研究課程。

　　「愛地球、愛和平」是靈鷲山開山大和尚心道法師創辦生命和平大學的核心理念，未來將由生命和平大學這個國際學術平臺，廣納全球各領域的專業人才，以回歸全球生態倫理的原則性為主軸，透過科學提案，提出與地球和解、眾生慈悲的相處之道。

開學日當天，緬甸仰光全國上座部佛教巴利大學校長鳩摩羅尊者（Bhaddanta Dr. Kumara）、前緬甸國防部將軍昂丹突（U Aung Than Htut）、緬甸聯邦政府宗教部首席顧問 U Aung Thein Nyunt、仰光省宗教與文化部局長U Sein Maw、仰光省前書記U Khin Maung Htun以及緬甸駐臺辦事處代表明佑特等貴賓到場祝福。

課程安排，由生命和平大學計劃主持人兼德國慕尼黑大學（LMU）宗教研究學主任教授Michael von Brück、德國慕尼黑大學醫學心理學研究所主任教授Ernst Pöppel、前教育部長曾志朗博士等教授帶領，將不同領域研究生進行分組。邀請各國專門領域的教授輪流授課，再由研究生與靈鷲山常住法師、緬甸佛教巴利大學比丘等，共同就議題做發想討論。在教育課程、田野調查等縱橫交錯下，進行跨文化、跨領域學科的交流，希望將靈性的力量落實到實際的行動。每日的課程，心道法師與各領域教授皆於現場聆聽，進行意見分享。

每天日間課程結束後，心道法師都帶領學員體驗平安禪修。戶外行程則前往緬甸最著名的仰光大金塔禮佛、供花點燈。最後並走訪生命和平大學預定用地及勃固萌韻吉濕地野生動物保護區（Moe Yun Gyi Wetland Wildlife Sanctuary）及仰光大學、緬甸仰光全國上座部佛教巴利大學等地參訪。

心道法師於開學典禮為大眾開示：「感謝每一位參與此次計劃的國際顧問，謝謝大家。我們都是懷抱著一份對地球的責任感來到這裡，以發現問題、解決問題作為目標。現在的地球正面臨極端氣候、物種滅絕等危機，我們要建立一套共同的『相依共存法則』讓地球平安。這是一份刻不容緩的課題，也亟待全球各界菁英的共識與努力，讓我們彼此學習、攜手合作，成為創新、蛻變的力量。」

↑生命和平大學冬季實驗學校廣邀全球十四個國家的教授及研究生來到緬甸，以「解決生態危機的根源：邁向新戰略」為題進行討論。

「生命和平大學冬季實驗學校」師資介紹

職　務	姓　名
・靈鷲山緬甸生命和平大學計劃主持人 ・德國慕尼黑大學（LMU）宗教研究學主任教授	Prof . Michael von Brück 邁克爾・馮・布魯克 教授
・德國慕尼黑大學（LMU）人類科學中心主任教授	Prof. Dr. Eva Ruhnau 伊凡・魯那 教授
・德國慕尼黑大學（LMU）醫學心理學研究所主任教授 ・德國慕尼黑大學（LMU）人類科學中心創辦人	Prof. Dr. Ernst Pöppel 恩斯特・普伯 教授
・中華民國前教育部長 ・前臺灣聯合大學系統總校長	Prof. Dr. Ovid J. L. Tzeng 曾志朗 教授
・德國設計思維學院（HPI Design Thinking） 講師 ・德國Hasso Plattner Institute講師	Dr. Caroline Szymanski 卡洛琳・門斯基 博士
・瑞士蘇黎世聯邦理工學院（ETH）地球科學所 （Department of Earth Sciences）所長 ・瑞士蘇黎世聯邦理工學院之新加坡研究中心 （Singapore，ETH）新加坡製冷（Cooling Singapore） 計劃主任	Prof. Dr. Peter J. Edwards 彼得・愛德華 教授
・美國耶魯大學（Yale）林業與環境研究學院工業環境管理教授 ・新加坡國立大學（NUS）工程環境管理教授	Prof. Dr. Marian R. Chertow 瑪麗恩・契桃 教授
・菲律賓經濟學家 ・前菲律賓社會經濟規劃秘書兼國家經濟和發展管理局局長	Prof. Dr. Cielito F. Habito 希禮多・哈比托 教授
・緬甸發展資源研究所（MDRI）高級訪問研究員 ・緬甸水稻聯合會（MRF）高級顧問	Dr. Larry C.Y. Wong
・前美國德州南衛理公會大學（SMU）柏金斯神學院教授	Prof. Dr. Ruben L.F. Habito 魯班・哈比托 教授

生命和平大學
冬季實驗學校開學典禮
讓和平從仰光開始

各位貴賓、各位老師、各位同學，大家好。

歡迎大家遠從世界各地而來，相信我們都是為了「愛地球、愛和平」的共同動機，相聚在仰光這座聖城，恰恰符合了「仰光」的緬文——止戰、和平的意思。非常難得在座有來自十四個國家或地區的師生，希望在未來兩個星期的共同學習時間，充滿開心的創意與愛心的智慧。

↑心道法師於「生命和平大學冬季實驗學校」開幕儀式為大眾開示。

今天的開學很殊勝，標註著靈性價值與各科學專業領域的重要合作，每一位參與的顧問，都懷抱著一份對地球平安的責任感，以發現問題、拯救地球作為專業及跨領域的研究型教育目標。

我相信一切有益於地球永續的方案，都需要人性的覺醒作為基礎。發現多元共生、互濟共存是生態本來的法則，才能體現萬物良性互動而生生不息。

極端氣候、物種滅絕等危機，是地球最殘酷的現狀，二〇一八年十月，聯合國發佈「關鍵十二年」的警訊，讓人驚覺地球岌岌可危，再不能不有所行動了。覺醒是行動的關鍵，唯有充分意識到地球危機必須仰賴人心覺醒，用量子共振的心念來修復地球，讓靈性關懷與專業學術結合，發展出正面感染性的知識，搭配科技的正向效果，共建一套人類社會的「相依共存法則」，來讓地球平安。這是刻不容緩的課題，也是我們今天課程的目標，亟待全球各界菁英的共識與努力。

課程開始之前，預祝大家有一個愉快充實的學習歷程，讓我們彼此學習、攜手合作，共同成為更新、創新、蛻變的力量，謝謝。

南傳佛教文化特展教育活動
緬甸佛寺與周邊文化導覽

↑緬甸街導覽員楊萬利（左五）及宗博館導覽專員，帶領學員前往緬甸街（中和華新街）、中和南勢角後山的緬甸佛寺等地走訪。

　　世界宗教博物館於「深河遠流──南傳佛教文化特展」展示期間，舉辦「踩踏緬甸街──華新街」、「朝山尋勝境──緬甸佛寺」教育推廣活動，邀請緬甸街導覽專員楊萬利及宗博館導覽專員帶領學員前往緬甸街（中和華新街）、中和南勢角後山的緬甸佛寺走訪，讓學員透過實地導覽感受並了解東南亞傳統文化。

　　今年南傳佛教文化特展之「踩踏緬甸街」、「朝山尋勝境」教育活動分四場次舉辦，分別前往中和華新街著名的緬甸街以及中和南勢角後山的緬甸佛寺實地參觀走訪。這次特別邀請到「燦爛時光：東南亞主題書店」的緬甸街導覽

專員,也是一位生活在臺灣近二十五年的緬甸僑胞楊萬利,以及宗博館導覽專員一同帶領學員感受緬甸宗教文化。

新北市緬甸街位於中和區的華新街,當地商家與住戶九成都是來自緬甸的華僑與新住民,因此華新街逐漸被打造成深具異國風情的街區。楊萬利從緬甸移居臺灣,在大時代背景下,將緬甸的信仰與文化落腳於臺灣街巷之中,發展出具有緬甸文化的商圈街道,接引更多不同文化的新住民,成為臺灣這塊具有多元文化、包容性的一份子。

在中和南勢角後山,則有一座依照緬甸傳統所建造的佛寺,裡面有多座的緬甸佛塔以及八尊星期佛玉佛供人禮佛參拜,也有仿造緬甸仰光大金塔的大金石,就像緬甸當地的佛寺移居至臺灣一般,讓人感受到緬甸宗教文化信仰的殊勝及感動。

世界宗教博物館為豐富特展主題,常舉辦多面向、多元特展教育活動,希望民眾不僅經由參觀特展瞭解不同國家、族群、宗教文化外,也透過精心安排的特展教育活動,深入瞭解當季主題的宗教文化。

壹
月

貳月
February

靈鷲人新春大團圓
善心極樂 家興事和

↑新春期間，信眾闔家來到靈鷲山聆聽心道法師的開示祝福。

靈鷲山在二月二日至九日新春期間，全山及全臺各地講堂分別舉辦新春活動，邀請大家來山走春，與靈鷲山結緣。今年，心道法師親自提下「善心極樂・家興事和」春聯墨寶，希望大眾在新的一年以「家」為本，以「善」為用；因為唯有善心、同情同理，才能讓家庭和睦、百業興旺。

靈鷲山上院無生道場各殿堂舉辦了各式的活動，讓來山走春的民眾，能夠在滿滿的法喜中，迎接光明、喜樂的一年。聞喜堂財寶宮殿從初一到初七，啟建財神等修法，讓大眾在新的一年生意興隆，財源滾滾；開山聖殿開放頂禮五輪舍利塔，讓民眾將佛陀十大弟子中，福報第一西瓦利尊者、智慧第一舍利弗尊者、以及十六羅漢中信心第一巴古拉尊者的護佑帶回家。華藏海圓通寶殿有常住法師帶領民眾體驗平安禪，透由禪修洗滌身心的塵垢；東單則供奉金圓滿發財佛、來自尼泊爾的千手觀音及泰國的星期佛，讓民眾可以點一盞燈供養屬於自己的星期佛，祈願來年平安順心。

↑上院華藏海圓通寶殿開放信眾來到禪堂，體驗平安禪法，洗滌身心、福慧無量。

↑上院聞喜堂財寶天王殿啟建財寶天王薈供法會，歡迎民眾共修財神法。

　　下院聖山寺外則以「匯聚萬緣‧共建華嚴」為題，鼓勵大眾護持聖山建設，與佛結下善緣。金佛殿中的成功、圓滿、平安三尊金佛，手中流出五色流蘇連接福字竹筒，民眾手接竹筒就象徵與佛牽手，讓新的一年事業成功、諸事圓滿、平安健康。今年依舊恭請了泰國高僧於金佛殿持誦《吉祥經》，加持祝福信眾；在金佛殿後殿，代表靈鷲山觀音傳承的百八觀音彩繪銅雕，也歡迎大眾頂禮參拜。善法大樓從初一到初五啟建「新春祈福‧法華法會」，常住法師帶領大眾共修《大乘妙法蓮華經》，祈願新的一年吉祥如意。善法大樓一樓的光明燈柱，從二〇一九年一月一日起正式啟燈，讓點燈人在新年開始即得到佛菩薩的光明加持。

　　心道法師在新春期間親臨上、下院為大眾加持開示：「歡迎大家一起回到靈鷲山歡度新年，祝福大家都能過的健康、快樂，擁有很好的豐收，萬事都能如意順利。大家在生活中要知道善業的重要性，當我們生命變成『給』的生命，就能創造自己的好命、好運，與眾生也能結下善緣。大家要持續透過禪修、持咒、念佛，讓我們的心具有覺醒力，經營、管理好自己的生命。」

↑下院聖山寺金佛殿開放大眾牽佛手，與佛結緣。

天主教會主教團秘書長 鮑霖神父來山
連接宗教情誼 共振和諧的力量

天主教會臺灣地區主教團宗教交談與合作委員會執行秘書鮑霖神父，偕同義大利、印尼、菲律賓、孟加拉、日本及中國等地區主教團神父一行共十二人，來山參訪。

↑天主教會臺灣地區主教團神父來山參訪，在上院華藏海圓通寶殿體驗平安禪。

鮑霖神父與靈鷲山結識超過十年，共同參與過多場國際跨宗教會議，一直都是靈鷲山在和平志業的盟友。每年世界宗教博物館舉辦世界宗教和諧日，鮑霖神父皆代表天主教會出席，共同為世界和平祈願禱告。

今年二月，天主教會主教團適巧在臺舉辦大型活動，讓各國神父有機會在臺短暫停留，因此鮑霖神父特地安排神父們前來靈鷲山參訪。

神父們經過天眼門後，立刻被一片和諧、壯闊的靈山之美所感動，接著前往華藏海圓通寶殿體驗平安禪，感受身心靈合一的寧靜。除了體驗平安禪，也前往開山聖殿聆聽禪宗公案「聽蛋說話」及心道法師的修行故事，歇息在飽覽壯闊太平洋的觀海臺上，神父們紛紛表示捨不得離開靈鷲山。

靈鷲山推動生命和平大學計劃，希望藉由宗教慈悲、道德及愛心的本質，與各宗教共同轉化地球的危機；也希望透過宗教間共振合作，消弭衝突，重新建立安定的生命，讓世界走向和平。

參月
March

第九屆全國普仁獎頒獎典禮
在平實生活中見證
普照溫暖的陽光

靈鷲山慈善基金會為推廣社會大眾對於品德教育的重視,在每年三月舉辦「全國普仁獎頒獎典禮」藉以獎勵品德優異的學生。今年首先在全臺各地區評選出九百九十七位學童頒贈普仁獎學金,再從地區獲獎者中進行複選,最後挑選出六十位獲得全國普仁獎的得主。

近幾年在頒獎典禮前,都特別委請靈鷲山國際青年團邀請獲獎的學童於上院無生道場參加「全國普仁小太陽FUN心營」。今年青年團大哥哥、大姐姐親自策劃了「手工蠟燭DIY」、「五德星球闖關遊戲」與「星光探險」等具有教育意義的活動。晚間的營火時刻,讓每位小太陽分享彼此的生命故事,藉以凝聚心中的力量,期盼自己能有滿滿的能量,持續成為別人生命裡的光。

靈鷲山第九屆全國普仁獎頒獎典禮於新北市貢寮區福容大飯店舉辦,普仁獎學金自二〇〇三年開辦,到二〇一〇年從區域擴大到全國性評選,並正式更名為「靈鷲山全國普仁獎」。普仁獎創辦至今,全臺已有近七千位孩童獲獎。

↑普仁獎創辦人心道法師感謝各校長、老師及支持普仁獎的貴賓與志工菩薩的護持,讓普仁小太陽在逆境中繼續成長。

↑靈鷲山慈善基金會感謝資深志工，共同成就靈鷲山普仁獎。

頒獎典禮現場，先由「4cus單簧管四重奏」溫馨開場，邀請教育部政務次長范巽綠、前內政部常務次長林慈玲、連江縣教育處長陳冠人等貴賓到場為學生頒獎；新北市顧問吳清同、貢寮區長施玉祥、東北角暨宜蘭海岸國家風景區管理處主任秘書金保樑，以及獲獎學生的家長、校長與老師等共同蒞臨為獲獎小朋友加油，典禮洋溢著溫暖與感動的氣息。

靈鷲山慈善基金會今年為感謝各區學校，積極推薦品德優良學生參加普仁獎選拔，特別依據「教育部品德教育促進方案第三期五年計劃」，對連續五年推薦學生參加，並累計三次獲得全國普仁獎的學校，致贈「推動品德教育成效卓越」感謝獎座。另外，也特別表揚全臺無私奉獻的普仁獎幕後推手，包括：十八位十年以上與六十五位五年以上的資深家訪志工，感謝他們實地走訪，發掘這些日常平實的生活典範，讓我們見證到靈鷲山普仁小太陽的真善美。活動尾聲，每位小太陽、貴賓一同手戴發光的「五德手環」，高唱「仰望星空」，也祝福每位普仁小太陽，持續發光、展翅高飛。

↑普仁小太陽新北市厚德國小的呂承洋，在課餘時間照顧癱瘓的妹妹，一手包辦妹妹日常照護及復健。

　　此外，靈鷲山泰國禪修中心今年特別藉由泰北僑界於泰北湄宏順省（Mae Hong Son）所舉辦「第二十六屆泰北329公主盃反毒青年運動會」，選拔出二十一位品行優良的泰國華僑學生，舉辦首次泰國地區普仁獎頒獎典禮。靈鷲山透過普仁獎，讓不同國家的社會大眾，發掘出更多普仁小太陽。讓身處不同國家的學生，在人生道路上，都能感受到來自臺灣的溫暖與正能量支持。

↑靈鷲山泰國禪修中心首次舉辦「普仁獎學金」頒獎典禮。

　　靈鷲山普仁獎創辦人心道法師，在今年全國頒獎典禮為大眾開示：「我要感謝所有學校的校長、老師及普仁獎的評審委員、家訪志工們，還有贊助獎學金的功德主們，感謝有您們出錢又出力的支持，才能發掘這麼多品德優良的小太陽。每位得獎的小太陽們，今天你們成為照亮自己、也照亮別人的小太陽，希望你們能繼續保持下去，更希望大家學習佛陀的慈悲心，讓佛光像太陽一樣普照、溫暖世界。」

靈鷲山普仁獎各區頒獎活動時間表

遴選地區	頒獎典禮日期	地點
基隆區	2018/12/29（六）	基隆市長榮桂冠彭園會館
臺北區	2019/01/20（日）	臺北市新興國中
新北市A區	2019/01/12（六）	新北市珍豪大飯店
新北市B區	2019/01/20（日）	新北市典華會館
新北市C區	2019/01/13（日）	新北市正隆廣場
桃園區	2019/01/20（日）	桃園市桃園高中
新竹區	2019/01/20（日）	新竹縣竹北體育館
臺中區	2018/12/16（日）	臺中市政府川堂
嘉義區	2019/01/13（日）	嘉義市政府中庭
臺南區	2019/01/20（日）	臺南市晶英酒店
高屏區	2019/01/20（日）	高雄市龍華國小
宜蘭區	2019/01/13（日）	宜蘭縣蘭陽講堂
花蓮區	2019/01/19（六）	花蓮縣議會
臺東區	2019/02/16（六）	臺東縣社會福利館
澎湖區	2018/11/30（五）	澎湖縣馬公國小
連江區	2019/01/11（五）	連江縣南竿仁愛國小
金門區	2019/01/18（五）	金門縣中正國小
全國頒獎典禮	2019/03/10（日）	新北市貢寮區福容大飯店
泰國區	2019/03/29（五）	泰北湄宏順省（Mae Hong Son）

第二十屆清明懷恩大法會
匯集地方慈悲 造福鄰里鄉親

靈鷲山基隆講堂於基隆市正濱國小啟建「第二十屆清明懷恩大法會」及敬老關懷活動。透過清明祭祖時節以法會功德護佑人民；同時結合地方資源，舉辦敬老關懷活動，照護地方長者，讓民眾身安心安。

↑基隆市政府社會處副處長駱文章代表基隆市長林右昌，接受靈鷲山基隆區護法會捐贈的四千斤白米，並轉贈至基隆地區弱勢家庭與愛心銀行等機構。

今年適逢法會啟建第二十週年，基隆市政府社會處副處長駱文章代表基隆市長林右昌出席，基隆地方區長、議員等貴賓共同前來拈香致意。靈鷲山基隆講堂執事法師妙實法師引領貴賓上香祈福，祈願基隆地區的無名孤魂等眾，皆能離苦得樂、超脫輪迴，更祈願基隆地區富貴康泰、平安吉祥。

法會恭請靈鷲山法師主法，帶領民眾一心專志的持誦《地藏菩薩本願經》。活動現場在基隆講堂志工們齊心合作下，會場內外的敬老關懷活動順利熱鬧的進行。現場準備素菜佳餚，廣邀鄰里間六十五歲以上的老菩薩前來享用，也邀請醫師駐點提供長者醫療諮詢。

↑靈鷲山基隆講堂連續二十年於基隆市正濱國小啟建「清明懷恩大法會」。

法會結束後，依照法會傳統舉辦「愛心贊普」，捐贈四千斤平安米給基隆市愛心食物銀行、基隆市中正區公所。透過社會慈善團體將眾人的慈悲善心，分享給附近鄰里有需要的家庭，讓身陷困苦之境的家庭，也能感受到社會的溫暖之情。

肆月

April

緬甸偏鄉華文教師增能計畫
將服務的信念轉化成實際行動

↑華文教育志工團與緬甸明德學校系統合作，提升緬北華文學校教學能量。

　　靈鷲山慈善基金會秉持著心道法師在緬甸弄曼創建沙彌學院的初衷，除了照護沙彌學生的日常所需外，更提供這些孩童受教育的機會，期盼藉深耕緬甸的教育，以提升孩童生活環境及未來的發展。

　　從二〇一六年底開始，靈鷲山與臺灣的退休教師們組成了「華文教育志工團」，並結合緬甸華文學校的資源，辦理華文教育；同時培育當地師資，以增強華文教學的能量。今年三月開始，志工團與緬甸明德學校系統合作，轉往東枝地區服務。三月十二日志工團抵達撣邦首府東枝的東宜鄉，了解當地華校經營情況，並在東宜明德、熱水塘明德兩校進行觀課輔導及示範教學，隨後前往撣邦北部的皎脈崇華佛經學校服務，最後回到仰光明德學校服務，全程二十二天，共計完成觀課輔導七十八堂、示範教學二十二場、專案培訓課程二十四場及專題演講七場，參與培訓人數包含學校高層及老師共計三十二人。

八月十三日志工團再次前往東枝地區服務，並擴大服務範圍，增加東枝光華學校，全程二十一天的服務，就語文、數學、幼教分三大類別進行，總計完成觀課輔導二十六堂，辦理五天的基礎師資課程研習，共有教師三十四人參加。此外，特別回應華文學校需求，增加電腦應用課程及乒乓球教學，志工團隊還自掏腰包購贈乒乓球桌與球具，同時為東枝明德學校更新兩百套課桌椅。

緬北華文學校的師資輔導，採取到校入班觀課的方式，免除教師參加集中培訓的舟車勞頓，同時又可以在教學現場直接了解個別學校實況，給予具體指導，因而深受各校歡迎。可惜今年八月因緬北地區民族武裝力量騷亂的影響，無法前往皎脈崇華佛經學校繼續輔導；同時，配合緬北邊境南坎地區需求，七月特別規劃辦理的幼教師資培訓課程，也因動亂影響，只開辦三天就被迫中斷，但當地五十一位幼教老師對志工團的專業指導仍然感激在心，念念不忘。

↑ 靈鷲山與臺灣的退休教師組成華文教育志工團隊，培育當地華文師資。

萬芳醫院捐贈胃鏡設備
促成臺緬兩地友誼

↑靈鷲山慈善基金會促成臺北市立萬芳醫院，捐贈價值兩百萬臺幣的胃鏡設備給緬甸臘戍市社會
福利會。

　　靈鷲山慈善基金會長年與臺灣各醫療團隊合作，前往緬甸偏鄉地區進行醫療義診，並在今年四月，成功促成臺北市立萬芳醫院捐贈價值兩百萬新臺幣的胃鏡設備，給予緬甸臘戍市社會福利會，以協助當地發展社福事業，照護貧窮弱勢的族群。

　　捐贈典禮，由前緬甸國防部北區東北部指揮將軍暨臘戍社會福利會創辦人——昂丹圖將軍（Aung Than Htut），於臘戍市政中心主持捐贈儀式，昂丹圖將軍代表臘戍感謝萬芳醫院及靈鷲山慈善基金會的善念，促成這一樁美事。

　　當天萬芳醫院副院長陳作孝醫師、預防醫學暨社區醫學部張裕泰醫師、靈鷲山恆明法師、靈鷲山慈善基金會副執行長陳世人，以及臺灣駐緬甸代表處副

參事張水庸等貴賓蒞臨現場觀禮，臘戌市各界代表五百餘人出席此盛會。恆明法師並代表靈鷲山慈善基金會捐贈美金一千元，以協助臘戌社會福利會後續維護相關醫療設備。

除了捐贈胃鏡設備外，萬芳醫院也承諾當地民眾，將來每一季都將安排醫療人員前來當地培訓醫療人才，並教導如何使用這些醫療器材，以及定期舉辦義診活動。

同時，在今年五月及十一月，萬芳醫院分別組織腸胃專科等醫療團隊，前往緬甸臘戌市社會福利會幫忙看診，進行醫療技術交流及培訓當地種子醫師；也前往靈鷲山弄曼大善園寺沙彌學院，辦理衛教宣導及義診活動。

靈鷲山在緬甸深耕的慈善義診行之有年，從醫療服務到衛教觀念推廣，到今年醫事技術交流、人才的培育等，臺灣頂尖的醫療品質和服務，深受當地居民一致肯定，也讓臺緬兩地友誼也因此善舉更加深化。

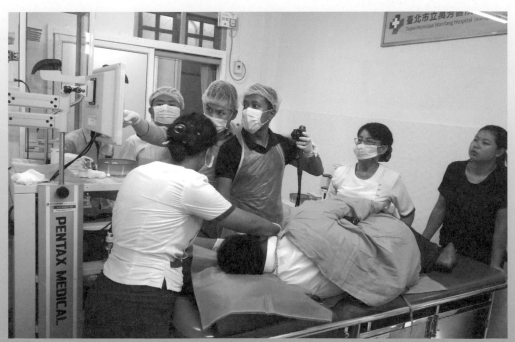

↑臺北市立萬芳醫院安排醫療人員前來培訓當地醫療人才，教導如何使用醫療器材。

大悲閉關21
千萬大悲愛地球

↑靈鷲山啟建「大悲閉關21」。

靈鷲山作為修行與弘法並重的觀音道場，每年四月於上院無生道場啟建「大悲閉關21」。邀請大眾回山共修持誦百萬遍〈大悲咒〉，將慈悲善念轉化，迴向給世間眾生及地球平安。

靈鷲山各區會講堂自二○○八年起，每月分別進行「大悲咒共修」。藉由共修與觀音相應，長養慈悲心。直到二○一二年，心道法師正式發起「21日百萬大悲咒願力閉關」，在總本山以持咒、繞佛、攝心、經行等方式，帶領信眾共修百萬遍〈大悲咒〉，並迴向地球平安。

今年的「大悲閉關21」以「悲心閉關」、「悲願募經」及「悲行種樹」為主題，讓海內外信眾回山共修的同時，也能以實際行動做環保，為地球環境、生態永續祈福。

↑靈鷲山於多羅觀音道場舉辦「千萬大悲愛地球」募經祈福活動。

　　在啟關當天（04/07），法師以大悲水灑淨結界壇場，帶領所有閉關學員領受八關齋戒儀軌，同時清淨莊嚴的道場即正式啟建。在世界地球日當天（04/22），於多羅觀音道場舉辦「千萬大悲愛地球」募經祈福活動，將靈鷲山從二〇一二年啟建至今共累計一千一百萬遍的〈大悲咒〉迴向地球平安。

　　圓滿日當天（04/28），心道法師親臨下院聖山寺善法大樓，為圓滿閉關的精進學員進行灌頂，傳授大悲觀音法門。同日下午，靈鷲山與新北市政府農業局及貢寮區公所合作，於龍門運動公園舉辦「相鷲種樹愛地球」公益種樹活動。活動現場有大悲閉關學員、靈鷲山國際青年團團員，及財團法人世界和平會的學童近兩百多人齊聚。共同種下鐵冬青跟百合花苗，祈願地球多點綠並充滿生機，實踐靈鷲山多元共生、相依共存的和平理念。

↑靈鷲山與新北市政府農業局及貢寮區公所合作，於龍門運動公園舉辦「相鷲種樹愛地球」公益種樹活動。

心道法師緬甸弘法行程
生活中持守戒律 獲得智慧的安定

↑緬甸弄曼大善園寺舉辦「緬甸弄曼大善園寺副院長及比丘教師聘書的頒聘儀式」。

今年四月，心道法師在繁忙之際特別安排緬甸弘法行程，並主持「緬甸弄曼大善園寺沙彌學院開學典禮」及「緬甸弄曼大善園寺副院長及比丘教師的頒聘儀式」。

靈鷲山緬甸弄曼大善園寺沙彌學院今年總共收取一百五十名新進生，開學典禮當天，心道法師親臨禪閱堂，為比丘教師、沙彌學生、教職員，以及新進學生、家長們開示。鼓勵沙彌要珍惜在佛法成長的生活環境，遵守佛陀的戒律去生活。會後，心道法師親自為小沙彌上課開示，教導沙彌要行持十善，讓心生起慈悲。平時也要透過服務、各種幫助、利他的行為，淨化身口意，達到清淨無染的修習。

在四月二十三日，緬甸弄曼大善園寺舉辦「緬甸弄曼大善園寺副院長及比丘教師聘書的頒聘儀式」，在國家僧伽委員會秘書長西亞多‧巴旦達善迪瑪比溫達（Sayadaw Bhaddanta Sandi Marbhivamsa）的見證下，由心道法師為新上任的副院長及比丘教師頒聘受職聘書。晚間，靈鷲山弄曼大善園寺舉辦戒壇成立儀式，禮請西亞多‧巴旦達善迪瑪比溫達，以及具足正法修行的比丘共同加持，以圓滿傳承。

心道法師於沙彌學院開學典禮上為大眾開示：「大家因為過去的善業、持戒的功德，今天才有這麼好的善業，能夠在這裡出家、學習佛法，所以要珍惜有這樣的生命。希望大家在佛陀的教法下成長，將來長大以後能夠成為佛法的棟樑，成為社會上好的榜樣，引導眾生離苦，利益許多眾生，得到佛法的快樂與自在。」

↑心道法師親臨緬甸弄曼大善園寺為沙彌上課開示。

第九屆泰國藤球友誼賽
暨潑水節
慰勞移工思鄉辛勞

↑靈鷲山與新北市勞工局、泰國貿易經濟辦事處合作舉辦「第九屆泰國藤球友誼賽暨潑水節」。

　　靈鷲山受新北市政府勞工局及泰國貿易經濟辦事處之邀，協助籌辦「第九屆泰國藤球友誼賽暨潑水節」活動。在泰國的傳統新年「潑水節」當天，將上院無生道場的泰國國寶——富貴金佛，迎請到活動現場，供東南亞新住民、移工朋友禮敬參拜。希望撫慰異鄉住民的思鄉之情，也強化臺灣與泰國兩地人民情感的連結。

　　「泰國藤球友誼賽暨潑水節活動」於新北市政府市民廣場前舉辦，當天有近八千名東南亞新住民、移工參與，大家熱情的參與慶祝。傳統藤球比賽也有眾多民眾報隊參與，現場設有多樣泰式美食、義剪按摩、命理及法令宣導等攤位。主辦單位今年也邀請到「新移民鼓陣」與「Pee Saderd搖滾天團」表演，全場民眾跟隨搖滾樂聲起舞。

　　來自泰國的富貴金佛，是前僧王智護尊者（H. H. Somdet Phra Nyanasamrara）為祝賀心道法師六十壽誕所贈與的，自二〇一三年起，每年在心道法師的囑咐下，都會迎請到新北市潑水節現場為大眾祈福，今年已經是第七度受邀至現場。

↑迎請靈鷲山富貴金佛於活動現場，供東南亞新住民朋友等貴賓禮敬參拜。

　　靈鷲山開山大和尚心道法師長久以來，致力於各國宗教友誼的交流，祈願促進民間宗教互動，轉化成世界和平的大愛願力，讓地球平安無災無難。因此，希望能以富貴金佛的慈悲福氣，加持現場禮敬參拜的民眾，帶來富貴契機、安定人心的力量。靈鷲山慈善基金會董事長性月法師與法師們，也於富貴金佛壇城旁，協助每位貴賓民眾禮敬金佛。各界貴賓與東南亞新住民、移工們無不感念心道法師多年來對東南亞新住民們的慈心護佑。

大悲閉關21 灌頂傳法
腳踏十心 證得成就解脫

今天大家能有機會領受大悲觀音傳承法門，是非常殊勝、難得的緣起，對於修行是非常具有加持力。希望大家回去之後，每天至少要發願持一〇八遍，讓〈大悲咒〉轉化我們的因緣，轉變成善緣、助緣。

在《大悲心陀羅尼經》經典中說，持〈大悲咒〉讓我們不受到十五種惡死；還能讓我們得十五種善生。我們要好好的持〈大悲咒〉，讓我們成為佛的善種子。每天只要持一〇八遍，累計三年下來就超過十萬遍，這樣就儲蓄了善業，與觀音菩薩結緣，未來能到佛國淨土，能夠成就佛道。

在末法時代，師父希望你們每個月都要到山上或地方講堂參加共修法會，如實的去修行，去持誦〈大悲咒〉，成為一位大悲行者。靈鷲山作為觀音菩薩的道場是很殊勝的事，現在很難找到可以持誦一、兩百萬遍〈大悲咒〉的道場。所以希望大家每年都要堅持下去，年年上山參加「大悲閉關21」共修，一直持誦下去，並且以持咒的功德轉化地球的災難，這是〈大悲咒〉的願力。我們只要精進的持誦〈大悲咒〉，就能夠解決所有的問題。所以每年這個時候，大家不僅自己要來，更要發願招朋引伴上山共修，共同慈悲護持地球平安。

學佛就是要去練習、觀察無形無相，無所求、無所欲的東西，也就是我們的本源空性。〈大悲咒〉可以幫助我們脫離輪迴、離苦得樂，證得空性。我們每個人原本就具足空性，只是因為俗世間的種種，讓我們暫時失去這種敏銳度，沒有去察覺到我們原本所有的。

我們的靈性只要離了貪欲的相，脫離物質的世界，不要去貪戀物質世界的種種，就不會有煩惱，能夠脫離輪迴，回到我們的法身，也就是回到我們的靈覺、靈知。我們透過空行的修行，瞭解無我的身體就是空相的，透過觀照，觀照出無常苦空，找回不離不棄的本來面目，證得無我的自心。

當我們持〈大悲咒〉時候，要發起觀音十心，與觀音菩薩相應。第一就是

發起「大悲心」，也就是普度眾生的心。要時刻體貼、服務眾生，這樣不僅讓我們能夠獲得善樂、增長福氣；也讓接受到我們服務的人，接觸到善業，讓他們生起解脫生死、斷除煩惱的心。

第二個心叫做「平等心」，平等就是不要有差別心。我們持〈大悲咒〉的人，要有大悲心，要有平等心。把每一位有情眾生看作我們的父母，平等的對待他們，因為每位眾生都有可能曾經是我們的父母，這就是生命的互聯網。我們因為輪迴出生為人，產生差別心，容易把這些累劫累世曾與我們有過父母關係、夫妻關係、子女關係；又或曾經幫助我們、愛護我們的眾生父母，當作仇人看待，去切割彼此，產生對立。我們若能懂得佛法的觀念，理解因果輪迴的佛法關係，就會知道，每一位眾生都是我們的恩人，我們不能去分別，要用平等心去對待，這才是生生世世與眾生結下善緣。

第三個心叫做「無為心」，我們離相以後，心就不再與各種事情相應。讓心回到修行的狀態，就是無為捨，也就是不虛偽、不造作，達到自然無為的一個狀態，做任何事情都不要得失心、計較心。當我們沒有得失心，自然就沒有煩惱，沒有計較心，也就沒有是非。

第四個心叫做「無染著心」，我們的心本來就是不會染著的，但是因為我們找不到自己的真心，所以才會染著。無染著心就是不貪染的心，當心中沒有污染、貪染，沒有貪瞋癡的染著，沒有雜念，那麼我們所做的一切都會順利無礙，這就是無染著心。我們無所住而生其心，就是修行的心。當我們持〈大悲咒〉的時候，也就能讓我們的心保持清淨。

第五個心叫做「空觀心」，在生活當中，我們不要有追逐相的心，要在這生滅無常的世間，尋找不生不滅的生命。要擁有一顆不生滅的心，首先要具備空觀心。具足空觀心以後，心就不會去取捨、執著，更不會貪染一切現象。因為我們知道一切物質世界都是空的、無常的，且短暫的。

第六個心叫做「恭敬心」，就是對一切的眾生，要時時刻刻保持恭敬。持〈大悲咒〉就是為了度一切眾生離苦得樂，到達解脫的彼岸。我們要以空觀心，放下我相、我執，對一切有情的眾生生起恭敬心，沒有自我地去接觸眾生、服務眾生。

第七個心叫做「卑下心」，就是學習的心，當我們已經懂得對人恭敬，那我們所接觸的每個緣起，都能成為我們的老師，我們要把一切眾生都當作未來佛來學習。

第八個心叫做「無雜亂心」，學佛最重要就是要沒有雜亂心。我們持咒要專心，專心一志把〈大悲咒〉持好。當我們找到靈覺、離相的心，就能夠做到真正無雜亂的心。

第九個心叫做「無見取心」，煩惱都是由見取裡面來的，當我們不要去見取外相，追逐外相的時候，自然就不會產生煩惱，就算產生煩惱，也要用空觀心去對治。

第十個心叫做「菩提心」，我們要隨時保有菩提心，就是一個覺醒、成佛的心。要有上求佛道、下化眾生的菩提心，時刻都要有這樣的覺醒，不退轉的覺悟。當我們生起菩提心，那麼一切眾生都會變成我們的如意寶，幫助我們成就佛道。

總結這十個心，就是「無我」。我們在生活中用觀音十心去修持，當我們具足這十個心，就是殊勝菩提心，我們自己就是觀音菩薩，就可以得解脫、自在，以及獲得無上的智慧。所以大家要證入實相，腳踏十心，就要用觀音菩薩的法去生活，用觀音菩薩的法去成就，證得實相。

伍月
May

心道法師歐洲弘法行程
期許歐洲禪種子 遍撒一切處

　　每年五月，心道法師皆受邀前往德國與奧地利教授平安禪修。今年分別於德國貝格霍夫（Berghof）、德國慕尼黑本篤禪修中心（Benediktushof Meditation Center）與奧地利賴歇爾斯貝格修道院（Stift Reichersberg）等地教授平安禪，透過禪修帶領歐洲學員找回自己。

　　首站抵達德國的貝格霍夫，心道法師指導學員要專注在平安禪的四個步驟中，反覆熟悉，從專注力來覺察觀照心的面貌。解關後，更要將禪修落實在生活，培養成習慣，實行心道法師所開示的「生活就是禪，禪就是生活」。

　　第二站來到慕尼黑本篤禪修中心，這是心道法師第四度造訪、帶領禪修，見到許多老學員，讓心道法師感受到學員堅定的學禪之心。今年亦有多位新學

↑心道法師於德國慕尼黑本篤禪修中心帶領學員行禪。

員加入，代表著平安禪在德國逐漸受到學禪者的喜愛。在慕尼黑本篤禪修中心期間，心道法師也特別會見本篤禪修中心的創辦人威里吉斯・雅格爾神父（Willigis Jäger），以及生命和平大學智庫成員德國慕尼黑大學恩斯特・普伯教授（Prof. Dr. Ernst Pöppel）。

↑ 心道法師與德國慕尼黑本篤禪修中心的創辦人威里吉斯・雅格爾神父會面。

最終站，心道法師抵達奧地利賴歇爾斯貝格修道院，今年同樣在靈鷲山的老弟子克里斯多福的邀請下，師父再度前來帶領學員體驗平安禪七。

心道法師於奧地利賴歇爾斯貝格修道院為學員開示：「今天大家坐在這邊的目的，就是為了找到源頭、找到根本，不是為了坐而坐，是為了我

↑ 心道法師為禪修學員開示。

們要如何能夠明、如何能夠空，而達到本來面目的結果。禪修就像是要雕刻一尊無相的佛，我們用平安禪去雕這尊佛，這尊佛像沒有三心，離四相，讓我們內在的覺性慢慢獨耀起來，呈現出心的光明。」

日期	心道法師歐洲弘法行程
05/03 ～ 05/05	德國貝格霍夫，舉辦三日禪修課程。
05/05 ～ 05/11	德國慕尼黑本篤禪修中心，舉辦七日禪修課程。
05/12 ～ 05/18	奧地利賴歇爾斯貝格修道院，舉辦七日禪修課程。

佛腳抱抱暨浴佛孝親節

溫馨的五月天 為全臺更添福慧

↑靈鷲山下院聖山寺舉辦「浴佛、報恩、佛腳抱抱」三合一祈福活動。

　　靈鷲山為歡慶釋迦牟尼佛聖誕與母親節，同時適逢各類考生考季，在下院聖山寺舉辦「浴佛、報恩、佛腳抱抱」三合一祈福活動，透過祈福活動，感念佛恩、母恩，並為考生祈求好運。同時，靈鷲山各地講堂也分別舉辦浴佛祈福活動，讓溫馨的五月更添福慧。

　　祈福活動第一天，靈鷲山法師先於下院聖山寺金佛殿進行灑淨儀式，引領大眾唸誦《浴佛偈》，洗滌紛亂心靈，安定身心。在釋迦牟尼佛聖誕當天（05/12），更於下院聖山寺外叩鐘一〇八響，以迴向世界無災無難，社會安定祥和。

　　下院聖山寺今年推出「報恩還願感恩行」、「文殊咒力不思議」等活動。邀請曾祈求佛陀加持的考生，回寺還願點燈，書寫百字感恩文，感恩諸佛菩薩的連結加持。在文殊菩薩的加持下，考生也可以帶著准考證或學生證，親臨金佛殿抱佛腳，請佛菩薩加持；或傳真准考證、學生證到下院聖山寺，志工會協助蓋上有舍利子加持的三寶印，並供於佛前，祈願每位考生都能夠考運亨通。

　　每年浴佛節，除了邀請大眾回總本山，來到佛前浴佛、淨心、點燈祈福，感念佛恩與佛結緣，信眾也可以多走訪靈鷲山各地講堂，在執事法師帶領下禪修、持咒讀經共修，迴向地球平安。

↑靈鷲山常住法師為前來浴佛祈福的信眾，解說浴佛節的緣由。

第十三屆萬佛燈會
佛燈如心燈 照破一切無明

↑靈鷲山蘭陽講堂舉辦「第十三屆萬佛燈會」，邀請信眾前來點燈與萬佛結緣。

　　靈鷲山蘭陽講堂舉辦「第十三屆萬佛燈會」，邀請信眾前來點燈，供養諸佛菩薩與萬佛結緣。

　　今年是蘭陽講堂第十三年舉辦萬佛燈會，每年為了準備此殊勝燈會，蘭陽講堂每位志工菩薩從上到下合力佈置活動現場。從萬佛名經，到門口的五彩帶、走道的紅燈籠、大小壇城定位與佈置，一步一步到位。佛陀的八相成道圖，從入口處排開，讓信眾能清楚明瞭，佛陀以自身修行為身教，教化眾生的深心大願。

　　法會現場，按照《佛說佛名經》中，為每個燈安奉一個佛名。大眾藉著供燈獻佛，進而認識不同的佛，與佛結緣。萬佛燈會裡，每盞燈都有不同佛名的啟示，每尊佛的名字都是祂成就的法，一佛出世，萬佛禮讚，大家找著相應的佛，念佛名生生世世，虔誠稱念佛名點燈供養。

　　活動期間，法師帶領大眾共修〈大悲咒〉，在萬佛面前求懺悔，祈願身心輕安、法喜滿盈。晚間信眾繞行萬佛燈塔，祈願結上善緣，成就解脫之因。

↑靈鷲山蘭陽講堂志工菩薩從上到下合力佈置活動現場，圓滿每年的萬佛燈會。

二〇一九珍愛海洋·魚樂基隆
基隆嶼魚苗放流暨淨灘活動

靈鷲山一路以來與地方政府、民間團體合作，以各種行動實踐心道法師的「愛地球、愛和平」理念。

今年受基隆市政府邀請，參加「二〇一九 iSea Keelung——珍愛海洋·魚樂基隆」基隆嶼魚苗放流暨淨灘活動。基隆市政府為慶祝基隆潮境保育區成立三週年，舉辦親子淨灘及魚苗放流環境保育活動。

活動當天，有超過六十艘娛樂漁船、帆船義務支援搭載魚苗和民眾，往返碧砂漁港和基隆嶼之間。靈鷲山法師首先為漁業署提供的一萬兩千尾黑毛魚苗，以及靈鷲山自行提供的一萬六千尾嘉鱲魚苗皈依、懺悔、發願。隨後，大家接力讓魚苗透過放流板順利回到海中。

圓滿護生後，法師與志工們在主辦單位安排下，出海登上基隆嶼，撿拾寶特瓶、廢置漁網等廢棄物。志工朋友捲起衣袖、徒手彎身淨灘，最後總共清出約一點五噸海漂垃圾。

↑靈鷲山法師為漁業署提供的一萬兩千尾黑毛魚苗，以及靈鷲山自行提供的一萬六千尾嘉鱲魚苗灑淨。

心道法師曾開示：「地球的未來，也是人類的未來。『愛地球、愛和平』，愛護眾生就是在愛護自己。」雖然只是小小海域淨灘，但只要願意持續不斷地去做，就能讓地球一點一滴逐漸回復本來面貌。

「供養藝術：心、器、法的對話」特展暨「布施自在：廖芳英布貼聖像畫作品展」雙特展

　　世界宗教博物館推出「供養的藝術——心‧器‧法的對話」與「布施自在——廖芳英布貼聖像畫作品展」雙特展。同時於宗博館宇創廳舉辦「北宋青瓷國際論壇」，透過多元豐富的博物館藝術饗宴，邀請藝文界、學界及民眾前來參觀體驗。

　　特展選在國際博物館日（05/18）開展，邀請古印度梵唱、古琴演奏、佛教頌缽演出，為展覽揭開序幕。「供養的藝術——心‧器‧法的對話」特展，是以人們的「心」意、上供的「器」物與信仰的教「法」三者為核心，詮釋供養藝術的內在精神與美學概念。特展以傳統宗教供奉聖壇、文人清供藝術兩大主題呈現，展出印度教、道教、佛教的供奉形式與器物；第二展區展出宋代文人雅士文房所使用的古瓷、文玩，體現清供藝術的文化底蘊。展品中尤以宋代瓷器更是翹楚，這次展出國寶級的秘色窯「八菱瓶」、汝窯「水仙花瓣盤」更是難得一見，令許多參觀的專家學者都忍不住驚嘆連連。

↑「供養的藝術——心‧器‧法的對話」特展以宋代文人雅士文房所使用的古瓷、文玩，體現清供藝術的文化底蘊。

同期展出「布施自在——廖芳英布貼聖像畫作品展」，邀請到以傳統技藝表現現代題材的布貼畫藝術家廖芳英女士參展。廖女士將虔誠的信仰與布的豐富美感結合，化作觀音菩薩、門神、十二藥叉大將等四十一幅創作；輔以二十六件散發母愛光輝的陶偶，展現愛與奉獻的無私，也體現出諸佛菩薩的慈悲大愛。

↑宗博館舉辦「布施自在——廖芳英布貼聖像畫作品展」教育活動。

另外，開展當天，宗博館於宇創廳舉辦「北宋青瓷國際論壇」。邀請中國河南省文物考古研究所前副所長趙青雲，以「北宋青瓷新論」發表論文演說。在論壇會後，邀請中國古陶瓷學會名譽會長葉文程教授、著名古陶藝評鑑家邱小君教授、祥太文教基金會院長王福源、國立歷史博物館成耆仁博士、南華大學視覺藝術與設計學系江美英助理教授等進行專家座談會。

世界宗教博物館館長陳國寧致詞時表示，「供養」是發自尊重恭敬的誠心，「布施」始自於慈悲憐憫心，兩者的精神內涵都是「給予」，遂巧妙結合兩者企劃本次展覽，感謝祥太文教基金會、官林藝術中心、財團法人國際奎師那意識協會、永和保福宮、靈鷲山佛教基金會、日月光文教基金會、及私人蒐藏家借展，豐富展覽內容，讓民眾也能在宗博館看得到國寶級的珍藏。

↑世界宗教博物館展出「布施自在——廖芳英布貼聖像畫作品展」。

「供養的藝術──心‧器‧法的對話」教育活動

日期	名稱
論壇	
05/18	北宋青瓷國際論壇 主講人：中國河南省文物考古研究所　趙青雲前副所長 與談人：中國古陶瓷學會　葉文程名譽會長 　　　　祥太文化館　王福源館長 　　　　古陶瓷評鑑家　邱小君 地　　點：宗博館宇宙創世廳
茶會、座談	
06/15 （共兩場次）	品茶的遊戲：「清香齋二號院」茶會 主講人：清香齋二號院創辦人　解致璋老師 地　　點：宗博館生命和平多元空間
工作坊	
06/23	供花藝趣生活花藝工作坊 主講人：中華花藝文教基金會　羅彩娥教授 地　　點：宗博館慧命教室
講座	
07/20	宗教神聖器物的人類學研究：以宗教用香為例 主講人：中央研究院民族學研究所　張珣所長 地　　點：宗博館慧命教室
07/28	和敬清寂‧日本茶道文化 主講人：日本茶道裏千家　祝曉梅助理教授 地點：宗博館慧命教室
體驗活動	
08/11	靈鷲山水陸法會──佛教供養文化體驗 主講人：靈鷲山水陸法會導覽員、宗博導覽員 地　　點：桃園市巨蛋體育館

「布施自在──廖芳英布貼聖像畫作品展」教育活動

日期	名稱
集體創作	
05/18、05/19、 05/25	「百花齊放」布貼畫祈福創作
手作工作坊	
06/01	「財神爺」布貼畫創作　/　授課講師：藝術家 廖芳英老師
07/06	「觀世音菩薩」布貼畫創作　/　授課講師：藝術家 廖芳英老師

宗博館資源學習中心正式啟用
將傳統珍貴紀實 有效傳承與分享

　　世界宗教博物館資源學習中心（信俗文化資源交流中心）於國際博物館日（05/18）正式啟用。中心以館史、多元宗教、信俗文化、資源中心為主題分別展出，並結合多種數位化資料及互動學習裝置，邀請民眾參觀體驗。

　　宗博館資源學習中心由宗博館六樓特展區進入，首先見到信俗文化、資源中心區塊，整體空間擺置琳瑯滿目的書籍，無論是珍貴史料、重要經典或是宗教文化藝術，盡納其中。中心同時設置電腦查詢區，藉著完備的數位化資料庫，讓民眾可自行搜尋更豐富的影像資料，與更具深度的文字介紹。

　　接著往下走，可以見到親子館的吉祥物「米洛可」和夥伴們。玻璃櫃中栩栩如生的布偶，是小朋友最愛的「奇幻精靈劇場」中的要角。在吉祥物旁，有水晶多媒體區，民眾可以透過紅外線感應操作方式，展示「偏鄉專案」、「特

↑世界宗教博物館資源學習中心於國際博物館日正式啟用。

↑資源學習中心以館史、多元宗教、信俗文化、資源中心為主題分別展出，並結合多種數位化資料及互動學習裝置。

展教育活動」、「親子說故事活動」、「館內專業課程與宗教文化課程」等四個主題歷年來的成果，讓觀眾們對宗博館有更深層的認識。

最後是館史區，館史牆上布置宗博館開館以來的大事紀，載明每年度所舉辦的展覽及活動，為宗博刻下珍貴歷史記憶。民眾同時可以以轉盤建置的媒體互動輪，瞭解宗博館過往的「國際交流」、「歷年特展」、「館內重要活動」、「館外推廣與合作」等珍貴資料。宗博館安排的互動裝置，是為提高觀眾對文物藏品深入理解的興趣，達到寓教於樂的效果。

世界宗教博物館自成立至今，經過十多年的經驗與成果累積，將有形與無形的資產聚集在資源學習中心，如同一樓大廳的珠玉之網，不同的資源透過多元的呈現，在此交織閃耀。未來也期盼藉著資源學習中心，將諸多活動的紀錄與珍貴難得的收藏與大眾分享，達到真正的傳承與共享。

05/24~05/26、11/01~11/03

花東旅行禪
透過禪修找回明白的自己

↑靈鷲山分別在今年五月、十一月於花蓮及臺東舉辦「旅行禪」。

　　靈鷲山分別在今年五月於花蓮鯉魚潭、玉山神學院舉辦「花蓮旅行禪」；十一月於臺東縣東河部落舉辦「臺東旅行禪」。邀請平時身處喧囂城市的學員，來到寧靜的大自然中體驗禪修，讓平時疲倦的身心，洗淨放下。

　　五月的花蓮旅行禪，學員從「行禪」開始，學習如何把腳提起、放下，走得慢、走得穩，覺知、清楚、明白每一刻。當天戶外下著微微細雨，學員戴著斗笠外出行禪，在法師的引導下，依序前行；接著「功法」課程，也讓學員從慢動作中體會到動靜皆是禪的奧義。

　　十一月的臺東旅行禪，同樣也安排了坐禪、行禪課程，最後帶領學員體驗香道、茶道，讓學員藉由日常生活中的每個動作去觀照。兩場禪修圓滿分享時，大部分學員表示都是首次接觸禪修，能在這樣山水勝地體驗禪修，也讓自己的身心沉澱下來，更清楚體會心的寂靜。

　　心道法師曾開示：「禪，是一種生活的智慧，幫助我們回到自己，找回本來面目，找回原本的心，清清楚楚、明明白白的生活。希望大眾要常禪修，認識自己、認識身體，消除許多雜念，讓心情保持安定，思慮更清楚。」

日期	名稱	地點
05/14～05/26	花蓮旅行禪（平安禪三）	花蓮縣鯉魚潭、玉山神學院
11/01～11/03	臺東旅行禪（平安禪三）	臺東縣東河部落

↑法師帶領學員，透過功法的慢動作，體會到動靜皆是禪的意義。

臺灣口腔照護協會前進緬甸
將口腔保健觀念深入當地

↑靈鷲山慈善基金會與臺灣口腔照護協會（TOCA）連續第三年合作，於緬甸仰光舉辦衛教課程及醫療義診活動。

　　靈鷲山慈善基金會與臺灣口腔照護協會（TOCA）連續第三年合作，前往緬甸仰光舉辦「口腔衛教種子講師培訓」，然後轉往上緬甸臘戌市偏鄉村落及靈鷲山弄曼大善園寺沙彌學院，進行醫療義診與口腔保健課程。

　　今年五月，臺灣口腔照護協會醫療義診團隊，先於緬甸仰光舉辦「口腔衛教種子講師培訓」，此課程共計有十九位東仰光大學（University of East Yangon）學生參加，在協會醫師專業教學的引導下，成為當地口腔衛教宣導的種子教師。

　　課程結束後，醫療義診團隊即轉往臘戌市展開醫療義診及口腔保健衛教課程。此行，協會安排十四位醫師與護理人員，靈鷲山也有多位志工加入義診團

隊。其中臺灣口腔照護協會黃淳豐、劉欽亮、楊銘錄三位醫師,更是連續三年來到緬甸的牙醫專科醫師;今年另有兩位緬甸當地醫生,也加入義診團隊的行列進行義診。

義診團隊除了為靈鷲山弄曼沙彌學院學生、教職員看診外,亦開放臘戌當地鄉村民眾前來看診。提供洗牙、補牙、拔牙等基本醫療服務,最重要的是將正確的口腔衛教觀念,傳遞給大眾,進行預防性醫療教學。

為了深化在地的衛教觀念,靈鷲山慈善基金會與臺灣口腔照護協會主動將衛教教材翻譯成緬文,並製作緬文版的宣傳海報,提供給當地民眾。盼透過緬文的口衛教材及宣導講師,讓口腔保健的觀念在地方深化。

↑臺灣口腔照護協會提供洗牙、補牙、拔牙等基本醫療服務,同時將正確的口腔衛教觀念,傳遞給大眾。

陸月
June

和平禪樂·大悲心起 義賣音樂會
從布施去服務和奉獻

↑靈鷲山臺北講堂於臺北福華大飯店舉辦「和平禪樂·大悲心起」義賣音樂會。

靈鷲山臺北講堂於臺北福華大飯店舉辦「和平禪樂·大悲心起」義賣音樂會，透過義賣活動，讓與會的菩薩大德共同參與「華嚴聖山建設」與「生命和平大學計畫」，以布施為生命的記憶體種下善種子。

活動當天，邀請前立法院長王金平、立委林奕華、李彥秀、臺灣商業聯合總會理事長張平沼、全國工業總會常務理事何語等貴賓蒞臨，現場也湧入近五百位的居士大德參與。

此次的義賣品，安排佛教藝術品、畫作，有由韓國知名禪畫大師殊眼禪師及心道法師、水墨畫家李義弘一同揮毫聯手創作的禪畫；心道法師「寂光」、「如來」、「明亮」三幅墨寶。現代藝術畫家謝義鎗所提供的「上善若水十象華嚴」藝術油畫等藝術品。活動現場競標熱烈，多位菩薩大德也熱情護持響應。

↑ 此次義賣作品中包括韓國知名禪畫大師殊眼禪師及心道法師、水墨畫家李義弘一同揮毫聯手創作的禪畫。

最後，在「讓心回家」的歌聲下，每位參與的菩薩大德帶著美好的回憶與感動，踏著無量心光，照耀著「華嚴聖山建設」與「生命和平大學計畫」。

心道法師親臨義賣會開示：「這不是義賣，而是轉化我們對於地球永續、人類永續的一份覺醒力量。我們的心要學習布施，布施就是用心去服務和奉獻。布施就是多做好事，練習捨得。最後感恩所有善信大德護持，共同為地球平安、人類永續努力。」

心道法師東南亞弘法行程
跨宗教交流 連結和平心願力

靈鷲山開山大和尚心道法師展開東南亞弘法行程，首先前往馬來西亞柔佛啟建「觀音百供消災祈福法會」，接著於新加坡拜訪各宗教團體進行交流；最後一站於馬來西亞檳城舉辦「第四屆檳城千人平安禪暨音樂會」活動。

弘法首站，心道法師蒞臨馬來西亞柔佛再也大馬禮堂主法「觀音百供消災祈福法會」，帶領八百多名信眾共修「千手千眼觀音成就法」。這是靈鷲山馬來西亞柔佛中心首次承接啟建的大型法會，每位志工菩薩精心料理準備百種供品布施供養，藉此與觀音菩薩的慈悲連結，祈請讓輪迴在苦海的眾生離苦得樂。

法會圓滿後，心道法師轉往新加坡會見當地信眾，於靈鷲山新加坡中心帶領信眾共修開示。接者，心道法師赴新加坡巴亞維回教教堂，會見伊斯蘭教導師哈比哈山（Habib Hassan Alatas），與佛教、基督教以及猶太教等不同宗教團體的代表會面，並與新加坡前伊斯蘭教事務部長雅格博士共同與會。

↑心道法師於馬來西亞柔佛主法啟建「觀音百供消災祈福法會」。

↑ 心道法師與錫克福利理事會主席 Gurdip Singh 等貴賓會面，進行跨宗教交流。

↑ 心道法師與伊斯蘭教、佛教、基督教及猶太教等不同宗教團體代表會面。

　　隔天，心道法師參訪中央錫克廟，由錫克福利理事會主席Gurdip Singh親自解說錫克教的創教理念，期盼未來在跨宗教的連結上，與錫克教共同對地球環境做出貢獻。接著，心道法師受邀參加由CIFU（Centre of Interfaith Understanding）主辦的宗教交流會，與各宗教團體交流互動，期盼未來能深化合作，共同為地球永續和平努力。行程最後，心道法師前往天主教聖德蘭療養院拜訪院內的長者，看見天主教在療養、醫療的完善規劃，並讓信仰深入每位長者，讓信仰成為生命最永恆的幸福。

　　之後，心道法師轉往馬來西亞檳城，於檳城植物公園舉辦「第四屆檳城千人平安禪暨音樂會」。當天吸引近三千兩百人入座，體驗平安禪修。由靈鷲山國際青年團青年志工們持花、持燈迎請心道法師進入會場教授平安禪。當日舉行音樂和平大使授證儀式，邀請歌手李佩玲擔任「音樂和平大使」，由心道法師為其披

上「和平大使帶」並頒發「和平大使證書」，活動在眾人齊唱《讓心回家》歌曲中圓滿落幕。

心道法師於新加坡宗教交流會上開示：「很高興看到各種宗教的團結，我的願景是培育世界的愛與和平。我們有責任共同合作以建立大家共同的利益，希望未來也能夠持續推動地球的環境保護與生態的關注，延伸發展出多元共生、相依相存的生態保護的教育。」

心道法師東南亞弘法行程

日期	活動內容
06/08～06/10	馬來西亞柔佛弘法，啓建「觀音百供消災祈福法會」。
06/11～06/13	新加坡弘法，參訪各宗教團體進行宗教交流。
06/14～06/15	馬來西亞檳城弘法，舉辦「第四屆檳城千人平安禪暨音樂會」。

↑靈鷲山於馬來西亞檳城植物公園舉辦「第四屆千人平安禪暨音樂會」。

中國福建閩南佛學院參訪宗博
透過各地參學 體現解行並重

中國閩南佛學院第十六屆畢業僧參學團一行一百五十人，在常務副院長界象法師、副院長淨心法師帶領下，蒞臨世界宗教博物館參訪。靈鷲山首座了意法師、靈鷲山慈善基金會董事長性月法師及宗博館陳國寧館長也親臨接待，雙方就弘法、慈善、文化、禪修、教育等各方面進行交流。

閩南佛學院位於中國廈門市南普陀寺內，自一九二五年創辦至今，已有九十四年歷史，為中國近代漢傳佛教教育培育眾多優秀僧才。

↑中國閩南佛學院第十六屆畢業僧參學團一行造訪世界宗教博物館，參觀當期特展。

參訪團在宗博導覽員帶領下，首先見到的水幕牆，象徵進入朝聖步道前的潔淨儀式。學員漫步在朝聖步道，見到牆上聖人先哲的足跡，手印牆上留下瞬及消失的掌印，體悟「一念緣生，一念緣滅」的無常境界。常設展廳八大宗教、二大古老文明、臺灣民間信仰的縮型建築、法器等，理解愛與和平是各宗教文化的共通點。最後也特別參觀「供養的藝術——心‧器‧法的對話」與「布施自在——廖芳英布貼聖像畫作品展」兩檔當期特展，為其文化展品表示讚嘆。

界象法師表示，閩南佛學院非常重視「訪師學道」的參訪，期盼從書本學習佛法後，能進一步修行與實踐佛法，以達「解行並重」。看到靈鷲山開山大和尚心道法師融合各宗教，呈現不同視野，不禁令人讚嘆大師的胸懷若谷。

最後，首座了意法師代表靈鷲山誠摯邀請閩南佛學院，日後有機會上山實地參學，再續法緣；並致贈象徵二十四緣的靈鷲山寺徽、靈鷲山三十週年山誌、百八觀音套書等結緣品。界象法師則回贈閩南佛學院院長則悟大和尚親自書寫的校訓「悲智」二字，為這次交流畫下圓滿句點。

靈鷲山開山三十六週年慶
匯聚萬緣 共建華嚴

↑靈鷲山舉辦開山三十六週年慶。

　　二○一九年，靈鷲山舉辦開山三十六週年慶，在上、下院以及全臺各地講堂舉辦慶祝活動。今年週年慶以「匯聚萬緣，共建華嚴」為主題，邀請各地靈鷲人回山，透過每年的週年慶，審視自己的修行，持續接引眾生成佛，並匯聚能量成就和平的華嚴聖山。

　　靈鷲山於一九八三年開山，從山上第一棟建築祖師殿，發展到世界宗教博物館，直到緬甸的生命和平大學，所有靈鷲人跟著心道法師的腳步，攜手走過三十六個年頭。

　　上院的慶祝活動，由常住法師帶領信眾朝山開始，體會當年開山實修的苦行精神。聞喜堂的財寶宮殿則開放頂禮財寶天王，邀請大眾點燈祈福，祈願福慧雙收。華藏海圓通寶殿在法師帶領下體驗平安禪，讓心回到原點，回到學佛的根本。開山聖殿也準備百萬大悲水與大眾結緣，民眾可以帶著自己的水壺，請領大悲法水得到護佑。另外，最特別的是，只有在每年週年慶期間才會開放心道法師閉關聖地──「十一面觀音道場」，讓民眾巡禮聖山，感受被靈氣包圍的能量。

　　下院聖山寺外的廣場，舉辦和平聖山環保市集，由各地講堂志工各自帶著拿手的環保手工藝品、食物，呼應靈鷲山一直在推動寧靜、愛心、對話、素食、再生、節約、減碳、節水、綠化九大生活主張，也吸引了許多貢寮區在地鄉親到場。

　　下院聖山寺善法大樓早上先行啟建「普門品共修暨佛前大供」；下午則啟建第五場水陸先修法會「大悲觀音普門品暨度亡法會」，共修信眾謙卑禮懺、滌淨一年的障礙，祈願諸佛菩薩護佑過往親人，廣利冥陽眾生。

　　中午在善法大樓三樓安排慶祝活動，為「大悲行者」，持誦大悲咒十萬次圓滿、「朝山力士」，朝山一〇八次、「生活禪者」，每日至少三次九分鐘平安禪，每年至少圓滿禪修三百三十天，舉辦表揚大會，期盼大家借鏡為目標，共同精進努力。另外護法會臺北市A區的青年團在籌備多年之後，在三十六週年慶的這天正式授證，由心道師父親自授旗團長，喜見佛法傳承的薪火相傳不絕。

　　會後，靈鷲山慈善基金會舉辦「住宅用火災警報器」專款捐助儀式，邀請到新北市長侯友宜代表接受，市長反贈「普利十方」的匾額給與靈鷲山，為活動畫下圓滿句點。當天貴賓雲集，包括印度「阿育王使命（Asoka

↑信眾帶著孩子跟著法師在雨中朝山，祈願佛菩薩悲心護佑。

Mission）」宗長龍贊法師（Ven. Lama Lobzang）、泰國貿易經濟辦事處勞工處處長沃德婉（Lupthawan Walsh）、天主教駐臺神父鮑霖、天帝教樞機使者蔡光思等貴賓出席祝賀。

↑心道法師以大悲水為信眾灑淨。

　　心道法師為大眾開示：「靈鷲山的使命就是『愛地球、愛和平』。我們把這份理念從跨宗教連結到全世界，一起為地球的平安盡力，成為靈鷲人的使命。祈願世界不要有戰爭、衝突，地球能夠平安，大眾持續守護心靈，服務人類，保護地球。」

靈鷲山水陸五場先修法會
與逝者解冤釋結 清淨累劫無明

靈鷲山每年啟建「水陸空大法會」以前，會先行啟建五場水陸先修法會，讓功德主透過這五場水陸先修法會，與逝者解冤釋結，清淨累劫無明所帶來的業障，並將功德迴向水陸空大法會順利圓滿。

二〇一九年水陸法會首場先修法會，於二〇一八年十一月於新北市三重體育館舉辦「大悲觀音祈福暨瑜伽燄口法會」。召請六道眾生前來聽經聞法、享用齋食，對於三重、蘆洲等地無祀孤魂眾生，也設立公益超度牌位。當天心道法師親臨主持愛心贊普捐贈儀式，將募得物資嘉惠新北市食物銀行及當地居民運用。

第二場水陸先修法會在二〇一九年一月，於下院聖山寺善法大樓華嚴法會圓滿日當天舉辦「五大士瑜伽燄口法會」，藉由佛法加持力，轉惡業為善業，以悲心消弭六道眾生的痛苦，也為自己與家人祈福，增福添慧。第三場水陸先修法會同於善法大樓啟建，結合下院聖山寺

↑靈鷲山於高雄市巨蛋體育館啟建第四場水陸先修「孔雀明王經暨五大士瑜伽燄口法會」。

清明祭祖的春季祭典舉辦「大悲觀音更密無上圓滿施食大法會」，傳承觀音法門、施食度亡，以完整的法儀傳遞無盡孝思和慎終追遠，與會信眾以虔敬之心共修，供養三寶、增福延壽、廣結善緣、同霑法喜。

第四場水陸先修法會於高雄巨蛋體育館啟建「孔雀明王經暨五大士瑜伽燄口法會」。法會前一天舉辦「皮卡克親子迎佛音樂市集」，今年特別迎請靈鷲

山富貴金佛南下高雄，為民眾祈福。信眾也帶著大小朋友到會場與佛牽手，接受佛陀的慈悲加持。法會當天，心道法師蒞臨現場與高雄市政府李四川副市長等貴賓，聯合為民祈福，舉辦慈善捐贈儀式。最後一場水陸先修法會，於靈鷲山開山週年慶當天啟建「大悲觀音普門品暨度亡法會」，在善法大樓一樓門口敬設召請區，水陸功德主跪拜召請歷代祖先前來聽經受供，以最虔敬的心邀請六道群靈共赴法筵。

↑ 靈鷲山於新北市三重體育館啟建二〇一九年第一場水陸先修「大悲觀音祈福暨瑜伽燄口法會」。

心道法師於第四場水陸先修法會開示：「藉由每次的先修法會與大家聚會，是希望能夠共聚大家的善緣、善念，來造福全臺灣、全人類。祈願大家能夠在無常不定的環境中，能夠擁有一顆安定的心，找到心安定的源頭，透過學佛修行找回自己，多造善業，造福人類。」

水陸先修法會時間表

日期	活動名稱	地點
2018/11/11	大悲觀音祈福暨瑜伽燄口法會	新北市三重綜合體育館
2019/01/06	五大士瑜伽燄口法會	下院聖山寺善法大樓
2019/03/23	大悲觀音更密無上圓滿施食大法會	下院聖山寺善法大樓
2019/05/26	孔雀明王經暨五大士瑜伽燄口法會	高雄市巨蛋體育館
2019/06/23	大悲觀音普門品暨度亡法會	下院聖山寺善法大樓

心道法師中國南京弘法行
第七屆亞洲宗風營

↑佛光山常住法師帶領靈鷲山亞洲宗風營學員參觀佛光山祖庭大覺寺。

今年六月，心道法師親臨出席靈鷲山假佛光山祖庭江蘇宜興大覺寺舉辦「第七屆亞洲宗風營」。亞洲宗風營，是靈鷲山亞洲地區護法會幹部所舉辦的宗風教育活動。藉由一年一會的機會，讓學員對靈鷲山宗風能有更深層的學習與認識。

今年輪到中國地區主辦，假佛光山祖庭大覺寺舉辦。現場有來自馬來西亞檳城、柔佛、吉隆坡、新加坡、印尼、泰國及中國大陸、香港、臺灣共一百六十多位學員參加。各國家的幹部分享年度重點活動，學習彼此弘法的用心與願力。

↑靈鷲山常住法師親自為學員授課。

在三天兩夜的營隊活動，課程安排密集而多元，由靈鷲山當家常存法師教授「簡單的相信・我見我聞」課程，講述自己看見的心道法師日常。靈鷲山護法會秘書長寶月法師教授「人間觀音行」，與學員分享護法會創立的過程，結合實務課程「如何跟別人介紹靈鷲山」

↑心道法師蒞臨亞洲宗風營，為學員開示。

等不同主題進行討論分享，讓學員迅速理解吸收，更有信心接緣接眾。之後，也禮請大覺寺總監院妙士法師教授宗門思想課程，透過深入淺出的分享，讓學員感受到星雲大師修行的信念。連日的課程，透過多位法師的法教，學員收穫匪淺。

課程結束後，心道法師帶領學員到南京市牛首山佛頂寺參訪交流，拜會佛頂寺曙光法師，並頂禮殊勝難得的佛頂舍利。

心道法師為亞洲宗風營圓滿開示：「我們人的導航系統就是我們的知覺，如果導航對了，我們的生命就有意義、就會快樂，也能夠幫助別人走向更好的道路、更快樂的生命。菩提心是我們的使命願力，自利利他、生生世世就是做這個菩提心的道路，這個道路就是一個如意寶，讓我們能夠擁有源源不絕的愛心與能量。」

心道法師中國南京弘法行

日期	活動名稱	地點
06/28～06/30	「第七屆亞洲宗風營」	中國江蘇省宜興大覺寺
07/01	牛首山佛頂寺參訪	南京市牛首山

柒月
July

靈鷲山與宗博分別榮獲績優
宗教團體表揚
持續成為社會和諧的推手

靈鷲山上院無生道場與下院聖山寺，分別獲新北市政府於宗教績優團體表揚頒發「社會教化獎」；世界宗教博物館發展基金會也榮獲內政部宗教團體表揚大會，頒發「宗教公益獎」的肯定。

新北市政府於七月二十四日，於新北市府舉辦宗教績優團體表揚，由新北市長侯友宜親自頒發獎項。今年靈鷲山上院無生道場及下院聖山寺，分別榮獲「新北市一○八年度績優宗教團體——社會教化獎」，由懇慧法師代表出席領獎，並感謝各界給予肯定。

↑靈鷲山無生道場榮獲「新北市一○八年度績優宗教團體——社會教化獎」，由懇慧法師代表出席領獎。

之後，內政部於八月三十日，假臺南市晶英酒店舉行「一○八年宗教團體表揚大會」，由內政部長徐國勇蒞臨頒獎。財團法人世界宗教博物館發展基金會榮獲「宗教團體表揚大會——宗教公益獎」，今年亦是基金會連續第十九年獲獎。

十一月時，世界宗教博物館發展基金會獲文化部獲「第十四屆文馨獎」金獎頒獎的肯定，頒獎當天

↑財團法人世界宗教博物館發展基金會榮獲「宗教團體表揚大會——宗教公益獎」。

由基金會副執行長范敏貞代表，前往臺北市松山文創園區領獎，這也是基金會第五度獲頒此獎項，代表基金會長年對於宗教藝術與文化活動，不留遺力的推動與支持獲得肯定。

靈鷲山上院無生道場以舉辦各式正面教育活動為獲獎事蹟，尤其是青年佛門探索營、心寧靜教師研習營、平安禪、淨灘、植樹、大悲閉關等活動。下院聖山寺則以關懷地方鄉里為首要，連續六年舉辦「臘八送暖迎平安」活動，關心社區老人；近年更逐年與新北市消防局聯合舉辦「兒童消防夏令營」，透過消防主題的各式活動，讓小朋友體驗模擬消防訓練，在寓教於樂的時光中培養並注重居家消防安全。

世界宗教博物館秉持創館理念，以尊重、包容、博愛推廣生命教育與多元文化。透過常設展與特展、生命教育及多元文化教學等課程，讓參觀民眾能夠對生命意義以及生活方式有所啟發，建立自身的和平，體現愛的實踐。

↑世界宗教博物館發展基金會獲文化部頒發第十四屆文馨獎——金獎的殊榮，由基金會副執行長范敏貞（右六）代表領獎。

捌月
August

靈鷲山第二十六屆
水陸空大法會
千年水陸 萬世慈悲

↑靈鷲山於桃園市巨蛋體育館啟建第二十六屆水陸空大法會。

　　靈鷲山於桃園市巨蛋體育館啟建第二十六屆水陸空大法會，今年以「息災解厄」為大會主題，呼籲大眾落實愛護地球的和平理念。

　　七月三十日，靈鷲山先與桃園市政府於桃園市政府綜合會議廳舉辦記者會，當家常存法師與桃園市副市長李憲明等貴賓，共同舉行祈福儀式，祈願桃園發展、臺灣平安、世界和諧。

八月七日，靈鷲山開山大和尚心道法師親自主持灑淨儀式後，象徵靈鷲山第二十六屆水陸空大法會正式啟建。當晚，靈鷲山邀請跨宗教、宮廟代表及桃園市府官員、議員等貴賓近兩百人，舉辦宗教聯合祈福會，以「感恩大地‧地球平安」為題，眾人共同手持稻穗，祈願五穀豐收、國泰民安，感恩大地的滋養，並藉由感恩儀式匯聚善念，為臺灣、地球、眾生祈福。

↑水陸期間，舉辦「宗教聯合祈福會」，為臺灣、地球和眾生祈福。

八月十號當天凌晨，內壇結界儀式開始，現場來自海內外數千名信眾穿著海青，共同持經、持咒與觀想，禮敬這場大齋勝會。各國護法會信眾列隊穿著自己國家的代表服裝進行「國際獻供」，展現出靈鷲山弘法到各國的影響力。在心道法師帶領信眾進行皈依儀式後，共同迎請內壇三師進場。今年禮請江蘇省揚州市開元寺方丈聞諦法師擔任主法法師，無錫市君山寺方丈和融法師為正表法師，以及常州市天甯禪寺方丈廓慧法師為副表法師共同主持法事。

↑來自中國地區的護法信眾進行獻供。

↑在結界儀式中，邀請各國護法會委員進行國際獻供。

　　法會期間，於梁皇大壇啟建八關齋戒受戒法會，禮請緬甸仰光全國上座部國立佛教巴利大學校長鳩摩羅尊者擔任授戒師。在祈請儀式中，帶領戒子了解受戒的八條戒律，體會戒會的清淨功德及戒體，感受殊勝因緣。每年水陸法會期間，心道法師也會親自主持兩場的皈依儀式，為大眾皈依，帶領眾生開啟行善止惡的道路，成為虔誠的三寶弟子。

↑ 水陸法會期間，舉辦「齋僧」法會，緬甸仰光全國上座部佛教巴利大
學校長鳩摩羅尊者等法師接受應供。

　　今年在巨蛋體育館東大門的展區，更勝往年豐富，入口處的水陸創意互動區，展現觀音祈福祛厄修善的創意互動，讓民眾透過祈願卡和點燈，進行祈福加持。「福城」攤位上，邀請到護法會副總會長鄭呂碧雪師姐，為信眾解說「『福』至心靈·眾心成『城』」的志業理念，廣邀大眾護持聖山，成就華嚴建設。

　　「愛心贊普」捐贈儀式，恭請心道法師主持，將募集物資六萬兩千斤白米、四千多桶食用油，與桃園地區四十六個弱勢團體，以及四千一百戶桃園市及新北市有需要的家庭結緣，由桃園市副市長游建華代表接受。

　　心道法師於內壇結界儀式為大眾開示：「每年的水陸法會，就是讓大家的心清楚、安定。透過法會引導我們專注覺知、鬆開執著、明晰通徹，讓生命回到無生滅的原點。大家要以『誠心、信心、願心』來精進水陸的各項佛事，轉換化解人心的困惑、生態的危機，讓心平安，讓地球平安。」

水陸法會內壇結界師父開示
啟動心靈淨化之旅

今天是靈鷲山一年一度「水陸法會內壇結界」的時刻。此時，大家定能感受到壇場內的莊嚴與安定。我們此時此刻要將心安住，清楚觀想自己與眷屬冤親、有緣眾生，共同禮敬參與這場大齋勝會，十方法界的賓客都將應邀齊聚，接受我們的供養。

今晚內壇「結界」，宣告這場心靈淨化與聖化的旅程正式開始。「結界」主要是淨除壇城周圍以及我們身心內外的一切染著，也就是用心性來做結界，心性的本體是空性，用空性所結界的金剛壇城，是堅固且不能摧毀的。

↑ 心道法師於內壇結界開示，勉勵眾人需深具「誠心、信心、願心」，轉換無明困惑，讓地球平安。

我們內壇的壇城布設了五輪塔，為什麼我們每次水陸壇城都要放五輪塔？因為五輪塔能夠化解地、水、火、風、空五種災難，代表平安、祥和的力量。這份緣由來自〈寶篋印陀羅尼咒〉，寶篋印陀羅尼塔裝臟了諸佛的全身舍利，代表佛陀不生不滅的法身。佛的法身光明，能離開一切現象，能夠除災解厄、令災劫不生，在生活中遠離苦難。但若法身被覆蓋，清楚的覺性就會混濁不清而輪迴。

五輪塔後的二十四緣法輪，是解除我們所有迷惑的法輪，轉動它能夠平息無明煩惱。法輪中心點是靈鷲山的LOGO，像兩隻鷲首和諧互動，來轉動黑業為白業、轉惡運為好運、轉五毒成五智，以能空的力量消融所有的災難。所以，當我們進到內壇，要全然的把身口意供養給諸佛，轉換我們的身口意為法身，將覺性光明遍灑在所有眾生身上，自在解脫、離苦得樂。

這兩天剛好遇到颱風和地震的影響，大家都感受到大自然災害的可怕。同樣的，我們也感受到對老、病、死的恐懼。佛說「業自所有」，也就是自己所受的果，來自自己所種下的因。我們共同要承受的叫做共業，各別承受的叫別業。而這一切都記憶在每個眾生的心識當中，環環相扣。惡業的根源來自於身口意種種的造作，必須要從根本來改變這些業因，淨化自己，止惡行善，轉換煩惱，才能止息輪迴之苦。

每年的水陸法會，就是讓大家的心清楚、安定，認清整個世界，明瞭世界其實是由心識思維與物質現象的五蘊身心，共同交互作用、幻化而成。法會引導我們專注覺知、鬆開執著、明晰通徹，解碼生生世世彼此套牢的因果記憶體，讓生命回到無生滅的原點。

今年水陸法會的主題是「息災解厄」，祈願透過七天集體共振的修行力量來淨除我們的業。「佛法如海，唯信能入」，希望大家以「誠心、信心、願心」來精進水陸的各項佛事，轉換化解人心的困惑、生態的危機，讓心平安，讓地球平安。

樂齡天團老而彌堅的熱力特展
活化老年心靈 創造樂齡生活

　　世界宗教博物館舉辦「樂齡天團──老而彌堅的熱力」特展，透過高齡生命教育讓民眾探索健康長壽之樂、學習實踐之樂、仁民愛物之樂與分享天倫之樂等生活樂趣。期盼民眾在參觀展覽時，深思老年生命的必經，並以樂觀正向的心境迎接生命的各項歷程。

　　本期展覽以南極仙翁、孔子、土地公、月老等四位傳統樂齡代表的角色，來述說在長壽保健、經驗傳承、互助關懷與家庭經營上所散發的活力與熱情。展品以傳統的五福臨門，壽、富、康寧、好德及子孫滿堂為題，陳設具有傳統文化象徵意涵的展品。現場也展出多種象徵「壽」的蒐藏品，以龜、鹿、鶴、松、桃、八仙、如意、壽字的器形與圖案象徵的展品，象徵長命富貴的銀鎖片，以福祿壽三仙為主題的畫作，在華人社會中都是非常熱門的文化象徵。

↑透過特展內容讓每個人的人生在不同的階段，都能夠永遠保持樂觀與正向。

↑現場展出多種「壽」文化的蒐藏品。

在學習實踐展區則可以看見牆面上掛滿竹簡，竹簡上寫滿參觀民眾的自我經驗字句，如同一條條的古訓當前。其中更以世界宗教博物館創辦人心道法師曾開示的「發菩提心，願眾生離苦成正覺」令人省思。此次「樂齡天團」展，透過特展內容讓每個人的人生在不同的階段，都能夠重新開箱，永遠保持樂觀與正向。

【導覽活動】	
日期	名稱
08/24	祖孫日——歡銀祖孫做伙遊宗博 主講人：宗博館導覽員
08/31	一日彭祖逛宗博 主講人：宗博館導覽員
【說故事活動】	
日期	名稱
08/24	搖滾爺奶說書趣 主講人：宗博館導覽志工
【專題講座】	
日期	名稱
09/01	樂齡心理與退休準備——談生命關懷與安寧療護 主講人：張啓華文化藝術基金會執行長 許禮安醫師
09/08	老康健：老化不怕 主講人：成功老年學院執行長　郭哲誠老師
10/20	活到老、玩到老：活躍老年與樂活心靈 主講人：國立交通大學生物科技學系 黃植懋助理教授
【創意工作坊】	
日期	名稱
08/24	紙想送給你——紅龜粿傳情：祖孫DIY活動 活動講師：宗博館導覽員
09/07	場次一：生命故事——創意工作坊 場次二：你的名字——押花字畫DIY 場次三：小時候玻璃彩繪話童年 活動講師：新活藝術團隊講師

中國佛教協會增勤法師等來山
促進兩岸佛教交流
讓和平延續下去

中國佛教協會副會長兼西安大慈恩寺方丈增勤法師，帶領中國佛教協會國際部悟一法師、陝西佛教協會、新疆維吾爾自治區佛教協會法師，及中華宗教文化交流協會國家宗教局、中華國際供佛齋僧功德會居士等一行人來山參訪，拜會心道法師。

大慈恩寺位於中國甘肅省，為唐朝時代最大規模的寺廟。大慈恩寺為漢傳佛教唯識宗派的祖庭，是唐朝著名大僧玄奘大師所駐錫的寺廟。當年玄奘法師從印度帶回大量梵本佛典，皆珍藏於大慈恩寺塔，而大慈恩寺亦為當代四大佛教經典譯場之一。

↑中國佛教協會副會長增勤法師（左二）帶領中國佛教協會國際部悟一法師、陝西佛教協會等一行人來山參訪。

　　增勤法師參訪團來山，心道法師親自陪同這群來自中國的貴客走訪上院無生道場。增勤法師向心道法師表示，這已經是他第三度來到靈鷲山，每次到來，依然會被道場所震懾，也感受到觀音法緣的殊勝。參訪團在心道法師帶領下，參訪山上第一座殿堂祖師殿；接著到開山聖殿，殿內的緬甸玉佛和雙塔聖石吸引著眾人目光，讓各位法師貴賓體會到，靈鷲山不僅只是一個道場，更是能讓心靈沉殿的場域。

　　心道法師為大眾開示：「佛法是不分彼此的，兩岸要常常交流，把佛法連結好，同心一起把和平延續下去。」同時，心道法師也讚揚增勤大和尚是佛教交流的大明燈，期盼未來繼續促成兩岸更好情誼。

　　增勤法師也表示：「希望兩岸佛教文化能做得更好，讓兩岸人民只有歡喜、沒有仇恨，只有和平、沒有對立，用佛陀慈悲包容的精神化解嫌隙，是我們共同的願望和責任。」參訪團在參訪完上院無生道場後，於下院聖山寺享用午齋，一場佛門朝聖之旅圓滿前，心道法師應邀書寫「心地光明」、「大聖不作」、「空明無相」、「靜心思遠」等墨寶贈予中國大陸諸山長老，與大家結緣，歡喜賦歸。

↑心道法師親自陪同中國佛教協會副會長增勤法師等貴賓參訪無生道場。

玖月
September

韓國上院寺義正法師一行來山
促進臺韓禪文化交流

韓國曹溪宗全國禪院首座會共同理事長暨韓國上院寺住持義正法師與玄潭法師、慧福法師及居士等眾來山參訪，拜會心道法師。心道法師與義正法師結緣於二〇一六年的韓國世界禪修大會，當時心道法師便邀義正法師有機會能夠來山參訪。

↑韓國上院寺住持義正法師來山，拜訪心道法師。

　　義正法師一行來到靈鷲山後，由靈鷲山法師們親自接待，首站參觀下院聖山寺金佛殿，朝禮來自泰國的三尊金佛，並欣賞由臺灣工藝大師林建成老師創作之百八觀音彩繪銅雕。由靈鷲山法師述說靈鷲山的觀音傳承源流，令參訪團員深刻感受到觀音的願力精神。

　　接著，抵達上院無生道場後，心道法師親自前來接待，由於義正法師與心道法師年齡相同、受戒時間也相仿，雙方見面即覺得熟悉，緣分甚深。義正法師向心道法師表示，未來希望將韓國的禪文化推向國際，請心道法師給予協助及建議。兩位大師在一番論禪後，義正法師最後一問：「什麼是修禪最好的方式？」心道法師以「佛陀拈花，迦葉微笑契入」的經典案例，說明眾生根器不同，所以當下就是最好的禪修方式。兩位大師惺惺相惜，交流至最後，心道法師也祝福韓國佛法欣欣向榮，更祝福義正法師能夠順利將韓國禪修弘傳國際。

直貢嘎舉傳承嘎千仁波切來山
教授大手印心性指引課程

↑第八世嘎千仁波切於上院華藏海圓通寶殿，為僧眾講說「大手印心性指引課程」。

藏傳佛教直貢嘎舉傳承大手印成就者——第八世嘎千仁波切受邀來山，與寧瑪派噶陀傳承的心道法師會面，於上院華藏海圓通寶殿為僧眾講說「大手印心性指引課程」。

↑嘎千仁波切受邀來山。

嘎千仁波切幼年昇座後，即跟隨鍾楚仁波切、甘瓊仁波切及圖登寧波仁波切等上師，遍習直貢噶舉傳承一切教法。歷代噶千仁波切都曾是直貢噶舉兩位法王的上師，第八世嘎千仁波切亦是澈贊法王在大手印禪修的根本上師。

　　嘎千仁波切長年旅居美國弘法教化眾生，近期來臺弘法，靈鷲山得以機緣禮請嘎千仁波切來山。仁波切於上院華藏海圓通寶殿，為全體僧眾教授「大手印心性指引」課程，短短兩個小時的課程，簡明扼要的開示心性大法，讓接受法乳灌頂的僧眾們法喜充滿，仁波切也鼓勵僧眾要以實修開展佛陀法道。

　　課程前，心道法師為大眾向仁波切提問：「大手印要持明，持明需要花很多的時間，但是沒有時間的話，怎麼持明？」仁波切微笑回答：「持明就是心性，心性是無二的。所以在一切生活當中都能夠實修、持明。」

↑嘎千仁波切於下院聖山寺金佛殿拓印手印泥版。

　　課程結束後，仁波切致贈了一幅白度母唐卡，及給與大手印的手印泥板加持，並恭祝心道法師法體健康長壽。心道法師也祝福仁波切，平安高壽，未來有機會能夠在美國再相見。

心道法師前往印尼弘法行程
啟建報恩消災藥師祈福法會

心道法師前往印尼弘法，會見當地信眾並啟建「報恩消災藥師祈福法會」為大眾祈福。

心道法師抵達印尼後，於靈鷲山印尼中心會見當地信眾。當晚蒞臨印尼中心舉辦的晚宴餐會，接受信眾為其提前暖壽。心道法師也為大眾開

↑心道法師蒞臨印尼中心舉辦之餐會，接受信眾為其提前暖壽。

示，「印尼是我們第一個海外的駐點，很高興能在這裡與大家一起學習佛法，跟隨著佛陀一起走這條善業的道路。利益眾生是我們大家應該要做的事，我們要互相的牽成、扶持走向善業的道路。」隔天，心道法師於印尼The Kim Palace餐廳主法「報恩消災藥師祈福法會」，帶領信眾共修《藥師琉璃光如來本願功德經》。教導信眾要透過共修為自己和親人消災祈福，也為歷代祖先、過往親人、累世冤親債主超度，祈願仗佛慈力，助其往生淨土與善處。

心道法師於報恩消災藥師祈福法會為大眾開示：「我們所處的娑婆世界，是釋迦牟尼佛發五百大願而成的。釋迦佛發願要度眾生，希望眾生從苦中學習，在苦裡得到體悟而能覺醒，所以我們早一點學佛，早一點發菩提心，就能早一點離苦得樂，早一點成佛。」

↑心道法師於印尼啟建「報恩消災藥師祈福法會」。

聖山寺秋季祭典暨大悲觀音
更密無上圓滿施食法會
將普施的精神延續到社會

靈鷲山下院聖山寺於善法大樓啟建「二〇一九年秋季祭典暨大悲觀音更密無上圓滿施食法會」；隔天（09/29）啟建「五大士燄口施食法會」。

↑大眾跟隨著心道法師共修。

當天，恭請心道法師主法「大悲觀音更密無上圓滿施食法會」，帶領大眾共修，消除亡者心續之障礙，祈求皈依三寶，脫離六道輪迴苦門，得到究竟清淨解脫。

↑心道法師親臨下院聖山寺主法「大悲觀音更密無上圓滿施食法會」。

　　下午，心道法師蒞臨主持「白米贊普活動」慈善捐贈儀式，由貢寮區施玉祥區長代表出席受贈儀式，感謝靈鷲山多年關懷地方弱勢民眾的行動。對於贊普，心道法師曾開示：「愛心，是生命的活水，有多大的慈悲，就有多大的果報。『贊普』是贊助、供養六道眾生齋食及法食的意思。我們將法會普度、濟施的精神實際延伸至社會層面，匯聚眾人的愛心，讓弱勢團體及低收入家庭可以得到物資的溫暖支持。將人間善念傳遞與循環，讓愛心、佛心、慈悲心發光發亮。」

↑心道法師出席「白米贊普活動」慈善捐贈儀式，由新北市貢寮區施玉祥區長代表出席受贈儀式。

　　隔天，下院聖山寺則啟建「五大士燄口超度法會」，並另設立公益牌位超薦東北角濱海公路往生者。祈願藉由每年一度的圓滿施食法會，將大眾法會共修之功德，迴向當地鄉里居民，為大眾祈福。

第二屆觀音文化國際論壇
體現人間處處是觀音的慈悲精神

靈鷲山於新北市政府舉辦「第二屆觀音文化國際論壇」，以「多樣性觀音文本」為題，論述觀音信仰的流傳。邀請來自日本、尼泊爾、中國、臺灣等地的學者專家發表演說及座談，講述如何以藝術、現代科技及信俗的形式展現「人間處處是觀音」的慈悲精神。

↑來自日本、尼泊爾、中國、臺灣等地的學者專家齊聚蒞臨發表論文演說。

論壇當天，新北市長侯友宜、前內政部長李鴻源等貴賓蒞臨開幕儀式。國立歷史博物館蔡耀慶教授，現場揮毫題字「觀自在」，為今年論壇揭開序幕。

↑靈鷲山於新北市政府大會議室舉辦「第二屆觀音文化國際論壇」。

靈鷲山於二〇一八年在下院聖山寺完成百八觀音彩繪銅雕聖像，即舉辦相關文化特展、百八觀音唐卡出版，並舉辦第一屆觀音文化國際論壇。希望透過影音、文字、研究的出版，讓大眾更能感受到觀音菩薩聞聲救苦的慈悲精神。

第一屆論壇以「百八觀音信俗文化」、「漢傳觀音信仰」、「觀音藝術造像」為主題進行論文討論。邀請多國學者來到宗博館研討、交流、座談，會後貴賓與發表學者進行觀音研究的問答，會議圓滿結束，並獲得熱烈迴響。

靈鷲山為延續觀音文化信仰研究的成果，今年特別擴大舉辦第二屆的觀音文化國際論壇。並再度邀請到日本百八觀音權威高岡秀暢法師（Ven. Master Hidenobu Takaoka）、尼泊爾觀音研究學者蘇仁德拉曼·巴哲拉查瑞亞博士

（Prof. Dr. Surendra Man Bajracharya）、中華維鬘學會名譽理事長鄭振煌教授、日本同朋大學前校長中村薰教授（Prof. Kaoru Nakamura）、臺灣佛教藝術學者郭孟佑老師、靈鷲山恆明法師等多位學者專家，從文獻、歷史、藝術、科技等不同面向認識觀音，並連結有志與觀音同行的各界善信，期許將觀音的慈悲精神傳播到全球各地。

↑宗博館陳國寧館長（右1）主持會後座談。

　　論壇圓滿當天，靈鷲山於新北市政府彭園餐廳舉辦感恩晚宴，同時進行「全球百八觀音文化總會」理事授證儀式，由心道法師親自頒贈聘書。第一任會長邀請世界宗教博物館陳國寧館長擔任，期盼透過宗博館的文化高度，集結更多宗教界、學術界、藝術收藏界人士，共同研究並推廣觀音文化。同時，也由陳國寧會長將會旗交給下屆承辦單位，也是副會長的高岡秀暢法師。

↑會後進行「全球百八觀音文化總會」理事授證儀式，由心道法師親自頒贈聘書。

111

觀音文化國際論壇議題與講者

第一天2019/09/28（六）	
場次 / 議題	講者
【第一場專題演講】 〈百八觀音圖像集成的出版史〉	尼泊爾百八觀音研究專家暨日本曹洞宗德林寺住持高剛秀暢法師 （Ven. Master Hidenobu Takaoka）
【第二場專題演講】 〈尼泊爾的紅觀音信仰〉	尼泊爾蓮花研究中心主席理事長蘇仁德拉曼‧巴哲拉查瑞亞博士 （Prof. Dr. Surendra Man Bajracharya）
【第三場專題演講】 〈解讀敦煌石窟的觀音曼陀羅〉	臺灣佛教藝術學者郭孟佑老師
【第四場專題演講】 〈從文獻學出發探討觀音信仰的流傳〉	日本同朋大學佛教文化研究所研究員周夏博士（Dr. Zhou Xia）、脩志學院校長山元ヤス子及主任野呂季代
【第五場專題演講】 〈心經觀自在‧自在觀心經 —— 歷代心經書法表現〉	臺灣歷史博物館展覽組研究員蔡耀慶教授
【綜合討論】 〈從觀音文本的多樣性來看觀音的信仰、內涵與脈絡的演變	世界宗教博物館陳國寧館長
第二天2019/09/29（日）	
場次 / 議題	講者
【第一場專題演講】 〈華嚴經中的觀音菩薩〉	日本同朋大學前校長中村薰教授 （Prof. Kaoru Nakamura）
【第二場專題演講】 〈觀音信仰在中國〉	中華維鬘學會名譽理事長鄭振煌教授
【第三場專題演講】 〈千手觀音曼陀羅繪製 —— 以《千光眼觀自在菩薩秘密法經》為例	靈鷲山恆明法師
【第四場專題演講】 〈觀音與科技藝術：從日本高台寺的AI觀音的誕生談當代互動設計如何面對觀音信仰的XR時代來臨〉	臺灣當若科技藝術共同創辦人周杰璁先生
【綜合討論】 〈從西天到中土到全球化，觀音信仰如何多元融合、和諧共生〉	世界宗教博物館陳國寧館長

拾月
October

心道法師尼泊爾朝聖行程
種下眾生未來成佛的基因

↑靈鷲山朝聖團在日本同朋大學佛教文化研究所研究員周夏博士（右一）的帶領下，參觀加德滿都境內寺廟。

靈鷲山舉辦尼泊爾朝聖禪修之旅，前往加德滿都朝聖，恭請心道法師於靈鷲山尼泊爾密勒日巴國際禪修中心，教授平安禪修。此行最後，也前往心道法師藏傳噶陀傳承上師毗盧仁波切的毗盧林寺主持法會。

朝聖團邀請日本曹洞宗德林寺住持高剛秀暢法師（Ven.Master Hidenobu Takaoka）、日本同朋大學佛教文化研究所研究員周夏博士（Dr. Zhou Xia）、尼泊爾蓮花研究中心主席理事長蘇仁德拉曼・巴哲拉查瑞亞博士（Prof. Dr. Surendra Man Bajracharya）等專家同行導覽。

此行參訪了尼泊爾境內的百八觀音寺（Seto Machhendranath Temple，又稱白麥群卓拿神廟）、帕坦紅色觀音廟（Rato Machhendranath Temple，又稱紅麥群卓拿塔），以及尼泊爾三大佛塔，博拿佛塔、斯瓦揚布佛塔、捨身崖佛塔，及綠度母道場、黃金寺及帕坦古城等多處具盛名的佛教聖地景點。在專家學者詳細的帶領與講解下，朝聖團的團員此行收穫良多。

朝聖行程後半，心道法師特別在靈鷲山尼泊爾密勒日巴國際禪修中心帶領朝聖團員平安禪修。密勒日巴國際禪修中心位於尼泊爾桑窟村，中心內有密勒日巴尊者閉關山洞及龍樹菩薩說法聖地；附近亦有金剛亥母廟、帝諾巴、那洛巴尊者修行的閉關山洞。一九九五年時，心道法師應竹巴噶舉第十二世竹巴法王邀請，至西藏、尼泊爾等地參

↑ 在尼泊爾 NGO 喜悅基金會（Joy Foundation Nepal）會長暨靈鷲山尼泊爾密勒日巴國際禪修中心護法會首任會長（右一）的協助下持續建設中。

訪，行程中朝禮密勒日巴閉關山洞，心道法師即發願於此創建禪修中心，希望接引更多實修的人，並保護聖地。近年，禪修中心在尼泊爾NGO喜悅基金會（Joy Foundation Nepal）的協助下，加速建設。

↑ 毗盧林寺啟建蓮師薈供，恭請心道法師登座與大眾共修。

↑ 心道法師於靈鷲山尼泊爾密勒日巴國際禪修中心帶領朝聖團員平安禪修。

行程最後，朝聖團在心道法師帶領下來到靈鷲山噶陀傳承上師毗盧仁波切的錫欽毗盧林寺；心道法師並登座與大眾共修薈供法會，法會莊嚴殊勝。

心道法師為大眾開示：「未來靈鷲山密勒日巴國際禪修中心要把密勒日巴及龍樹菩薩等大成就者過去曾修行的聖地保護好，讓學佛的弟子能夠來朝聖，並接引護持想修行閉關的弟子。除了保護聖地，未來也將在尼泊爾進行慈善、環境、教育等農業推廣，希望能幫助當地居民，也保護好我們生存的地球。」

心道法師親授平安禪
帶領大眾回到本來的家

靈鷲山於臺北市劍潭青年活動中心舉辦「平安禪法」課程，禮請靈鷲山開山大和尚心道法師親自為大眾傳授平安禪法。透過平安禪法，讓不同根器的大眾，轉化身心靈，重新找回心的安定。

心道法師具有中國禪宗臨濟法脈傳承，分別獲本煥長老、星雲大師傳法印可為臨濟禪人；也曾榮獲緬甸國家最高榮譽——緬甸全國上座部佛教最高禪修成就獎。多年來，常受邀於歐洲、美洲及亞洲地區教授禪修，於各地推廣禪法，遍灑禪修的種子。

靈鷲山平安禪法為心道法師多年來的禪修體悟，透過吐納、淨心觀照、覺知出入息、聆聽寂靜四步驟次第的禪修法門，適合現代人不論是在禪堂靜坐，或在忙碌的生活中，能隨時觀照身心，體驗禪修的喜悅與體悟心性的同一。

↑心道法師於臺北市劍潭青年活動中心教授「平安禪法」課程。

　　這次的禪三課程，是心道法師首次於臺北對外教授平安禪法。不僅許多護法信眾特別前來聽課；同時，也接引到對禪修有興趣的社會大眾前來聆聽。

　　課程期間，心道法師親自帶領學員體驗平安禪修，由淺入深的引導，讓更多人理解禪修，也盼學員進而將禪法深入生活之中。此次難得與心道法師面對面，承接禪法的機會，令參與課程的學員倍感殊勝。

↑ 平安禪修課程接引對禪修有興趣的社會大眾前來聆聽。

　　心道法師禪修開示：「在沒有學習禪修以前，我們會隨著外在的現象流轉，內在的思緒也不斷的連結，延續成為種種的名相。學禪就是要捨棄這些川流不.息的念頭，讓心回到原本的地方、永恆的地方、不生不滅的地方。」

長庚國際志工團傳遞大愛
持續造福緬甸偏鄉民眾

↑靈鷲山慈善基金會將衛教教材翻譯成緬文，並製作緬文版的宣傳海報，提供給當地民眾。

　　靈鷲山慈善基金會與長庚醫療體系合作，邀請長庚醫院高雄院區風濕過敏免疫科主治醫師陳嘉夆與林口院區長庚醫院胸腔科主治醫師陳維勳帶領「送愛到緬甸義診醫療團」國際志工團隊，結合靈鷲山在緬甸當地的行政支援，於緬甸臘戌社會福利會、果敢村、弄曼村，及靈鷲山仰光、弄曼大善園寺及沙彌學院進行醫療義診。

　　今年首次前往仰光附近的偏鄉地區開展服務，為落實服務成效，並真正走入緬甸社區，此次特別與緬甸的全國性慈善組織Myanmar Liver Foundation合作，請他們安排服務地點及提供當地的支援夥伴，由雙方的醫護志工一起配合看診。

　　長庚志工團負責一般內科及慢性疾病、洗手衛教宣導，緬甸的醫師則為民眾檢驗B、C肝炎及進行肝病衛教宣導。因為緬甸近年大力推動終止肝炎傳染工作，慈善基金會特別捐贈近三千美元，協助Myanmar Liver Foundation採購兩百人份共六百劑肝炎疫苗，投入肝炎防治工作。熱情的長庚志工團員還會利用空檔時間，分別對慢性疾病個案、民眾及小孩進行洗手衛教宣導，並透過活潑互動的有獎徵答方式檢測宣導效果，活動中贈送的優質牙刷，以及特製的緬文版衛教文件夾，更是受到當地民眾與孩童的一致讚賞。

　　十月十一日，志工團前往弄曼大善園寺為沙彌及職工看診，並對沙彌進行洗手衛教宣導。同時也邀請Myanmar Liver Foundation理事長Dr. Khin Pyone Kyi、執行長Dr. Win Aung及合作的醫師成員參訪弄曼大善園寺，介紹心道法師回饋家鄉，推展慈善服務的志業。Myanmar Liver Foundation特別安排仰光當地的電視臺採訪報導此次的服務，靈鷲山慈善基金會副執行長陳世人及長庚醫院柯俞禎醫師先後接受訪問，說明服務緣由與過程，Dr. Khin Pyone Kyi理事長則透過電視臺的報導，介紹心道法師的慈悲願行，並表達對此次雙方合作的衷心感謝。

↑靈鷲山慈善基金會與長庚醫療體系合作，為緬甸臘戌大善園寺沙彌學院學生進行義診。

心道法師馬來西亞弘法行程
將正念傳承下去 創造更好的生命

↑心道法師親臨馬來西亞吉隆坡馬華大廈三春禮堂（Wisma MCA) 主法「觀音薈供消災祈福大法會」。

心道法師結束尼泊爾之行後，隨即轉往馬來西亞弘法，會見當地信眾，並於吉隆坡馬華大廈三春禮堂（Wisma MCA)啟建「觀音薈供消災祈福大法會」。

今年是馬來西亞舉辦「觀音薈供消災祈福大法會」第九週年，每年心道法師都會親自飛往馬來西亞會見當地信眾，親自

↑心道法師帶領信眾共修「觀音薈供消災祈福大法會」。

帶領大眾共修觀音法門。法會中，大眾精心準備供品，供養三寶、上師與護法，下施六道眾生，共同累積福慧資糧。

今年在法會現場看見許多年輕的新世代，這些小小志工，跟著父母親一起來做志工，學習並成長，師父期盼這些年輕一代的加入，讓佛法永遠地傳承下去，也讓社會走向積極、樂觀，安定的未來。

心道法師於法會為大眾開示：「生命如果沒有正念，我們就找不到方向感。現在我們學習了佛法，有了佛法這個指南針，我們生命的路線就不會偏差，不會走錯路，我們的生命也會越來越好。我們要把正念帶給社會，把正念帶給我們的傳承，彼此奉獻彼此，讓佛法永續、讓自己永續，讓未來也是永續，我們的生命就會很正點。」

拾壹月
November

靈鷲山第五屆大悲行腳活動
幸福桃園 地球平安

↑大眾持誦〈大悲咒〉繞行桃園市第一河濱公園,將持誦的殊勝功德,回向地球平安、世界和諧。

靈鷲山於桃園市第一河濱公園舉辦第五屆大悲行腳活動,以「幸福桃園,地球平安」為題,號召社會大眾加入持誦〈大悲咒〉的行列,將共修之功德迴向眾生,祈願臺灣平安、地球平安。

今年大悲行腳活動,由靈鷲山護法會西區A區會籌辦,邀請全臺護法信眾來到桃園第一河濱公園共修〈大悲咒〉。這次活動也特別接引到桃園地區里民前來參與共修,為臺灣祈福。

靈鷲山全臺講堂從每個月固定舉辦〈大悲咒〉共修,到每年的百萬大悲咒閉關,再到大悲行腳活動。學習觀音菩薩聞聲救苦的願力,跟隨心道法師的腳步,精進持誦〈大悲咒〉,實踐愛地球、愛和平的理念。

　　活動當天，由玄宇敦煌舞蹈團演出精采的箜篌舞作為序幕，並邀請到桃園市長鄭文燦、市議員蘇家明、陳美梅、桃園區長陳玉明等多位貴賓共襄盛舉。

　　與會眾人隨著寧靜之歌的歌聲跳起寧靜操，傳遞寧靜是宇宙最大能量的真諦後，接著由靈鷲山法師與貴賓一同手持蓮花心燈，齊誦祈願文，祈求大悲心起，幸福桃園、地球平安。

　　大眾在藍天綠地相伴下，共同持誦〈大悲咒〉，從南崁溪、三民公園、三民路、三元街，繞行第一河濱公園，沿途梵音繚繞沉澱每位參與者的心靈。最後將這份誦經的殊勝功德，迴向地球平安、世界和諧，期盼能對社會產生正面能量，持續共創美好淨土。

↑靈鷲山於桃園市第一河濱公園舉辦第五屆大悲行腳活動。

江蘇揚州平安禪三
以禪證真心 光明如大日

↑心道法師參訪中國江蘇省揚州大明寺。

↑心道法師親臨中國江蘇省揚州大明寺
的鑑真圖書館教授平安禪修。

靈鷲山開山大和尚心道法師受邀於中國江蘇省揚州大明寺的鑑真圖書館教授平安禪修。

揚州大明寺為唐代律宗傳人暨日本佛教祖師鑑真大和尚曾住錫的寺廟，同時，揚州亦為佛光山星雲大師的故鄉，星雲大師在二〇〇五年秉持回饋故鄉的心意，捐建大明寺鑑真圖書館。館內以佛學研究以及藝術展覽為主，期盼促進兩岸佛教與藝術文化交流。心道法師此行能受邀於此教授平安禪，也要感謝眾多善緣的連結與成就。

禪修課程開始前，心道法師帶領學員唸誦三皈依，透過唸誦〈釋迦佛心咒〉讓大家與釋迦牟尼佛相應。大眾之所以能夠學習禪法，是因為釋迦牟尼佛的教授與引導，因此要飲水思源、感念釋迦牟尼佛，藉由念佛、念法、念僧來調整我們的心。

靈鷲山平安禪是息妄證真的方法，所謂的「真」也就是實相無相。從四個步驟，讓我們把心中雜質去除，到最後，純淨、不雜染的靈性就會出現。

心道法師為大眾開示：「我們在世間最重要的就是感恩，感恩我們的父母、子女，感恩我們生命中的緣份，我們才有機會能夠聚在這裡。大家能來到這裡都是福氣，也期待大家多用點時間來熟悉自己，回到最初的自己，也就是我們的覺性。當我們學佛把正念的指南針調整好，正念對了，我們生命就會是美好的。」

江蘇揚州平安禪三師父開示
利樂有情 離苦得樂

我們念誦「釋迦佛心咒」，是希望透過心咒讓大家與釋迦佛相應。現在我們之所以能夠學習禪法，都是因為釋迦牟尼佛的引導，讓後世的佛弟子能夠學佛習禪，因此為了飲水思源、感念釋迦佛，藉由念佛、念法、念僧來調整我們的心，所以我們一起來作三皈依。

其實，我們做這些的目的，主要是能夠利樂有情，讓一切與我們有緣的生命共同體，都能夠有機會學習佛法來離苦得樂，讓眾生遠離痛苦。而眾生受苦的原因，主要是來自於自己的想法，想法對了就會快樂，想法不好就會不快樂。

我們每個人都有一個學習的本能叫做「覺知」，有了這個覺知才有辦法學習，這個覺是眾生與佛同時具足的。那麼，為什麼眾生的覺會迷惑？是因為不清楚、不了解，所以今天我們學習禪修，就是要去瞭解，瞭解兩個世界：物質世界與精神世界。物質的世界所發生的叫做「唯心所造，唯識所顯」，也就是說物質世界是由心所造的。

↑心道法師於中國江蘇省揚州大明寺的鑑真圖書館，帶領學員禪修。

　　心為什麼能造？是因為我們的念頭，每個念頭隨著現象就成了物質，這個物質世界是輪迴的、記憶的、苦的，人與人之間為了物質會產生五毒（貪、瞋、癡、慢、疑），五毒攪和在物質上，讓我們產生執著與傲慢，形成心與現象的鬥爭。

　　另一個世界叫做空性的世界，空性的世界不屬於物質，不受物質影響，也就是靈性的世界。靈性的世界也叫做覺性的世界，這個覺是非物質的，沒有執著、沒有束縛，輕輕鬆鬆、自由自在。所以，我們學禪的目的就是要回到我們的本有、本來的樣子，本來我們就是不生不滅的，所以坐禪是找回我們自己，找回那個不生不滅的東西。

　　平安禪四步驟就是息妄證真的方法，所謂的「真」也就是實相無相。四個步驟就是讓我們把心中雜質去除的方法，到最後我們純淨的靈性、不雜染的靈性就出來了。就好比是煉礦成金，好好的做、慢慢的坐，把所有的妄念執著，就像太陽下山一樣沉澱下去，沉到沒有，到最後我們的心性就像太陽一樣升起，越來越光亮，明亮到像中午的晴空萬里，就像大日，是光明的、無雲晴空那份的覺受。

世界宗教博物館十八週年館慶
尊重信仰 包容族群 博愛生命

　　世界宗教博物館舉辦十八週年館慶「愛地球、愛和平系列活動」，以及「愛與和平——兩岸書法交流展」、「千年摩崖・刻經碑拓特展」與「漢字記憶空間特展」開展儀式。

↑世界宗教博物館舉辦十八週年館慶。

　　來自各界的宗教代表，臺灣基督教長老教會、臺灣基督教正教會、天主教主教團、耶穌基督後期聖徒教會、中華天帝教總會、道教總會、中華民國一貫道總會以及文化部政務次長蕭宗煌、新北市政府民政局長柯慶忠、海地共和國大使庫柏（H.E.Ambassador Ms. Rachel coupaud）等貴賓代表蒞臨，宣讀「愛地球、愛和平」祈禱文。

　　宗博館秉持「尊重每個信仰、包容每個族群、博愛每個生命」的核心精神，傳遞創辦人心道法師「愛地球、愛和平」的理念，持續深耕跨宗教對談，促進全球各宗教教派交流。

　　當天活動，在鼓樂藝術團「鼓往金來」演出「風入松、虎虎生風」曲目展開活動序幕。接著，了意法師代表宗博館感謝尊勝會榮譽董事們長年的支持，並舉辦「二〇一九尊勝會榮董手印典禮」，期盼在大眾的慈悲堅持下，宗博館持續推廣、發展。

　　同天，「愛與和平──兩岸書法交流展」、「千年摩崖・刻經碑拓特展」與「漢字記憶空間特展」也同步開展。特展協辦單位山東摩崖博物館王寶磊館長特別來臺祝賀，提供展品的十三位書藝家也蒞臨現場參觀，增添館慶的特展氛圍。

↑邀請各界貴賓民眾一同慶祝館慶。

　　世界宗教博物館在未來，也將一秉初衷的邁向專業服務，並提升國際化發展。期盼能繼續為社會大眾提供更多元的生命教育、宗教文化特展。

愛與和平兩岸書法交流展
千年摩崖・刻經碑拓特展
與漢字記憶空間特展

↑世界宗教博物館舉辦「愛與和平——兩岸書法交流特展」。

　　世界宗教博物館在開館館慶及世界宗教和諧日當天，舉辦「愛與和平——兩岸書法交流展」、「千年摩崖・刻經碑拓特展」與「漢字記憶空間特展」。

　　中國人善以文會友、以友輔仁，就如同心道法師「愛地球、愛和平」的理念，本著真誠與善意，透過交流，進而理解彼此與包容彼此。今年宗博館延續二〇一五年曾舉辦的「愛與和平」書藝創作特展，特別邀請臺中市靜宜大學副教授張志鴻與中國陝西著名書法家陳建貢共同擔任策展人。集結海峽兩岸二十六位著名書法家作品，共一百一十九件展品，分別在宗博館以及金門文化園區合作展出「愛與和平——兩岸書法交流展」。

　　展品以「愛與和平」貫穿主題核心，書法家將「愛與和平」四字拆解，以古字呈現出不同樣態的作品。同時展出以古代詩詞為題的展品，體現出文人的自我追求，以及對內心和平的實踐。

在第二特展室，展出由中國山東濟南石敢當摩崖藝術博物館館藏北朝的千年摩崖碑拓。當年佛教僧人安道一將佛經以摩崖石刻的方式，刻印在大石上，讓當代的民眾能夠碑拓回家，以達到傳播佛法的目的。這次宗博館特別展出世界上最大的摩崖碑拓，原址位在山東鐵山的《大方等大集經》，讓參觀民

↑宗博館於信俗文化資源中心展出「漢字記憶空間特展」。

眾藉由與實品等比例的拓本，感受到當年刻印的筆觸及文字的力量。接著，信俗文化資源中心也展出中國甲骨文、篆、隸、楷、行、草各體書法。讓參觀學童透過互動多媒體科技所設計各體書藝筆畫部首，以及古代及現代的名人智慧箴言，讓學童自行拓印，達到有趣學習目的。

↑宗博館於第二特展室展出「千年摩崖‧刻經碑拓特展」。

「愛與和平 —— 兩岸書法交流展」特展教育活動

	專題講座
	專題講座
2019/11/24	從「意境」談兩岸書法的創作與審美 主講人：愛與和平兩岸書法交流展共同策展人、靜宜大學副教授 　　　　張志鴻
2019/12/21	從千年搨本美學，看書法與篆刻創作 主講人：前國立臺北藝術大學美術系副教授李蕭錕
2020/02/09	毛筆製作介紹及演示 主講人：正大筆莊負責人陳景聰
2020/02/23	毛筆的歷史與適性演示（含示範） 主講人：國立清華大學藝術與設計學系助理教授張國英
2020/03/22	篆刻美學 —— 文字線條之無限延伸 主講人：中山文藝獎得主柳炎辰
	工作坊
2019/12/22	愛的印記：篆刻集體創作 主講人：國立中正大學中國文學博士蔡孟宸
2020/01/18	喜過春節寫春聯 主講人：國立臺灣藝術大學美術系助理教授鄭治桂
	館外參訪
2020/03/07	筆墨賞藝小旅行 （宗博館書法特展、樹火紀念紙博物館、大有製墨、文山社） 主講人：宗博館專員、志工

世界宗教文化體驗
錫克教慈善廚房

世界宗教博物館與在臺的印度國際文化交流單位合作，於宗博館生命和平多元空間舉辦「世界宗教文化體驗——錫克教慈善廚房」（Guru Ka Langar）。

錫克教起源於印度，創建於西元十六世紀初，是世界第六大傳統宗教，今年剛好是錫克教第一代上師那納克（Guru Nanaka Dev Jl）五百五十週年誕辰。慈善廚房（Langar）是由上師那納克所發揚展開，體現錫克教「平等」教義，由一群志工自願性準備食材，邀請不同種族、宗教、性別、地位與國籍的民眾前來用餐。對錫克教徒來說，能夠為大眾服務是一種無上的榮耀。

活動當天，世界宗教博物館創辦人心道法師親自到場與印度臺北協會副會長賈旭明、臺北印僑協會會長哈奇辛（Kish Harkishin）以及新北市副市長謝政達等貴賓一同席地用餐，每位貴賓、信眾一同參與這場盛會，也正彰顯出平等的真義。

↑宗博館與在臺的印度國際文化交流單位合作舉辦「世界宗教文化體驗——錫克教慈善廚房」。

　　主辦單位所準備的「樹葉餐盤」，原料取用可以自然分解的落葉所製作，讓每位參加者在餐後，可以將精美又環保的餐盤帶回家重複使用。

　　活動安排，首先進行請聖書（Guru Granth Sahib）及祈禱儀式，重現錫克教頭頂聖書的神聖儀式。大眾向聖書揮拂塵致意、祈禱唱誦、供布後，將普拉薩德（Prasad）甜品發給所有人，再一起享用聖餐及體驗包頭巾的傳統文化。

↑世界宗教博物館創辦人心道法師親臨現場，與大眾一同用餐。

　　心道法師開示：「錫克教慈善廚房的傳統儀式，展現『素食環保』行動，正是因應現在地球暖化的情勢，與靈鷲山『愛地球、愛和平』的行動是一致的。希望大家共同推行素食環保，愛護我們的地球。最後也歡迎所有不同宗教信仰的朋友，把宗博當作自己的家，一同尊重、包容、博愛這個世界。」

泰國觀音百供祈福法會暨
泰國禪修中心佛像開光法會

靈鷲山泰國國際禪修中心舉辦「歲末迎新二〇二〇觀音百供祈福法會」，以及「佛光普照・賜福泰國」觀音菩薩、地藏菩薩、彌勒佛像開光大典，恭請心道法師主法。

↑靈鷲山泰國國際禪修中心舉辦「歲末迎新二〇二〇觀音百供祈福法會」。

在每年的農曆過年前，靈鷲山泰國國際禪修中心會舉辦「觀音百供祈福法會」，邀情信眾闔家前來講堂共修，祈願在新的一年，消除業障、富貴具足。

今年靈鷲山泰國國際禪修中心在曼谷Summer Tree酒店啟建觀音百供祈福法會，大眾跟隨心道法師共修〈大悲咒〉，開啟內心的智慧。法會現場，準備百種供品佈施供養，上供十方諸佛、下施六道群靈，祈願輪迴在苦海的眾生離苦得樂。且透過法會的活動，讓大家連結在一起，共同沐浴在佛陀的法教中。

↑透過法會的活動，讓大眾與心道法師連結在一起，沐浴在佛陀的法教中。

法會圓滿後，心道法師為當地善信頒發「願力證書」，以及主持「愛心贊普」活動，將百供供品致贈中央特殊教育中心（Central special Education Center）；通瑪哈聽障學校（Thungmahamek school for the deaf）；盼諾克敏善堂（Baannokkamin Foundation）；扶助貧困家庭與孤兒基金會

（Foundation for Rehabilitation & Development of Children and Family，簡稱FORDEC）等當地慈善團體。

↑心道法師為泰國國際禪修中心的觀音菩薩、地藏菩薩與彌勒佛佛像主法開光法會。

今年心道法師特別為禪修中心的觀音菩薩、地藏菩薩與彌勒佛佛像主法開光法會。祈願大眾學習觀音菩薩「慈悲喜捨」的精神，與地藏菩薩「地獄不空、誓不成佛」的願力和彌勒佛大肚能容天下寬厚的愛心。當天臺北駐泰經濟文化代表處代表童振源、臺商聯合總會總會長郭修敏、世界臺灣客家聯誼總會總會長章維斌、黃氏宗親總會副主席黃振先等貴賓也蒞臨開光大典。

在泰國弘法行程期間，心道法師臨時接到通知，得知師父幼時從軍，所跟隨的國軍九三師張國杞團長夫人謝善美夫人逝世的消息。心道法師即刻前往泰國清邁萬養村為視幼年師父為自己孩子，具有照顧之恩的團長夫人做最後的祝福。

心道法師於泰國國際禪修中心為信眾開示：「佛的法教就是讓我們有正確的觀念，懂得因果、行善，也懂得照顧關懷別人，最重要的是連結到我們的佛性、覺性。覺性之所以能夠成就佛道，就是在我們生生世世的生命中能夠做『生命服務生命，生命奉獻生命』的事。」

拾貳月
December

心道法師緬甸弘法行程
堅守佛法的初心 廣結生命的善緣

↑靈鷲山於仰光大善園寺國際禪修中心舉辦南傳短期出家修道會。

　　隨著生命和平大學將於緬甸設立，靈鷲山在緬甸推動「愛地球、愛和平」的志業也快速且深入地進行。六月，靈鷲山先於生命和平大學預定用地緬甸勃固省（緊鄰仰光省）仰曼快速公路三十一公里處舉辦「恭迎和平大佛安座法會」。法會邀請緬甸勃固省省長、勃固省僧伽委員比丘、政府官員，以及靈鷲山法師與當地各護法會、梵音會及貴賓們齊心恭迎大佛，場面莊嚴殊勝，宣告生命和平大學建設邁向新的里程碑。

　　年底，靈鷲山於仰光大善園寺國際禪修中心舉辦為期十天的「第七屆南傳短期出家修道會」與「第三屆女眾南傳短期出家修道會」。戒會禮請緬甸仰光全國上座部佛教巴利大學校長鳩摩羅尊者、心道法師為大眾擔任尊證。今年受

戒的戒子，有來自中國、臺灣、馬來西亞、新加坡等地，共一百一〇位戒子發願剃度受戒，其中男眾有五十九位，女眾則有五十二位。戒期中，戒子在行住坐臥中，體驗佛陀清淨修行的生活原貌，學習戒律，種下生生世世學習佛法的善種子。

緊接著短期出家戒會，在十二月初，靈鷲山舉辦「第十八屆緬甸朝聖暨供萬僧法會」，心道法師率領剛結束短期出家的戒子學員，及朝聖團學員陸續在仰光、曼德勒、勃固、弄曼等地朝禮聖地並供養比丘、沙彌及八戒女等眾。今年所供養的僧眾，高達五千餘位，大眾以恭敬心、清淨心供養僧眾，發願追隨釋迦佛，世世行菩薩道。

↑靈鷲山舉辦「第十八屆緬甸朝聖暨供萬僧法會」。

↑靈鷲山於緬甸仰光全國上座部佛教巴利大學舉辦「第十八屆緬甸朝聖暨供萬僧法會」。

朝聖供僧行程中，十二月四日，心道法師親為靈鷲山緬甸弄曼大善園寺綠玉寶富貴殿舉行灑淨開光儀式。儀式當天，邀請緬甸中央僧伽委員會常委暨秘書長巴丹達‧桑蒂瑪畢萬薩尊者、副主席巴丹達‧督敏卡拉畢萬薩尊者、副秘書長巴丹達‧達瑪薩雅尊者、委員巴丹達‧威瑪臘尊者、委員巴丹達‧

↑靈鷲山緬甸弄曼大善園寺綠玉寶富貴殿坐佛開光典禮。

畢那達薩，及緬甸仰光全國上座部佛教巴利大學校長鳩摩羅尊者、緬甸曼德勒上座部巴利佛教大學副校長巴丹達‧固穆達，以及不丹國師偉瑟仁波切、臘戍僧伽委員會主席曼殊比丘尊者，及各界貴賓與當地民眾到場見證開光儀式。

開光儀式，首先由心道法師親自頒發獎狀，感謝長期護持弄曼大善園寺的海外信眾並共同剪綵，隨後在寫著心道法師曾獲緬甸「大業處阿闍梨最高禪修成就獎」的功德碑上，恭請緬甸中央僧伽委員會長老灑下吉祥水，並入殿持誦《發趣論》經典。期盼未來，不只是僧眾，包括信眾也可以在這裡學習佛法，成就學佛之道。

心道法師為大眾開示：「綠玉寶富貴殿是由我們海內外的善信對佛法的信心與願力，共同成就這樣一個莊嚴神聖的殿堂。希望所有的長老、比丘，以及海內外的信眾能夠保持護持佛法的初心，一同來共襄盛舉，共結涅槃緣、成就佛道。」

日期	行程	地點
06/10	緬甸和平大佛安座法會	緬甸勃固省仰曼快速公路三十一公里處
11/17~11/26	第七屆南傳短期出家修道會及第三屆女眾南傳短期出家修道會	緬甸仰光大善園寺國際禪修中心
12/02~12/09	第十八屆緬甸朝聖暨供萬僧法會	緬甸仰光、曼德勒、勃固、弄曼地區
12/04	緬甸臘戍弄曼大善園寺綠玉寶富貴殿坐佛開光大典	靈鷲山弄曼大善園寺

泰國十九間寺廟
大住持比丘來山
團結佛教僧團　守護世界和平

↑泰國十九間寺院住持比丘來山參訪。

　　來自泰國曼谷地區的波拉查汪廟、邦波通廟、邦該乃廟、菩提廟、崖沙汪廟、百攤廟、廊曼廟、瑪哈踏廟、拉喜廟、水門廟、茵廟、剛給廟、素灣廟、班谷波廟、邦查廟、茵他蘭廟、巴雷廟、枸巴雅真廟、甘拉廟等十九間寺廟的住持比丘，在泰國臺商會聯合總會副總會長孔祥蘭女士陪同下參訪靈鷲山，並拜會心道法師。

　　當天，來自泰國十九間寺廟的大住持比丘來山，其中有十位比丘曾於二〇一四年來過靈鷲山。在當時受到靈鷲山法師及師兄、師姐們妥善溫暖的款待，令其印象深刻，因此在這趟臺、泰的宗教交流參訪行程中，也特別安排再次來訪。

在靈鷲山法師的接待下，一行人先參拜下院聖山寺金佛殿，住持比丘們在看到殿內安奉來自泰國的平安、成功、圓滿三尊金佛，覺得格外親切，即席地為大眾持誦《吉祥經》，迴向眾人身體健康、平安富貴。隨後，在看見金佛殿後殿的百八觀音彩繪銅佛像，也為百八觀音佛像的殊勝感到讚嘆，並頂禮朝拜。

↑泰國十九間寺院住持比丘來山，與心道法師會面。

隨後參訪團驅車前往上院無生道場參訪，在看到華藏海東單的泰國星期佛，也自然跪坐下來唱誦，並以最虔誠的心禮拜諸佛。心道法師於客堂會見比丘法師們，當波拉查汪廟的大住持比丘Phrasamu Kitti進門時，心道法師隨即向大住持比丘頂禮，並恭請上座，而戒臘低於心道法師的住持比丘們，也一一上前向心道法師跪拜叩首。從眾人的互動中，足見佛門尊重長幼有序的佛陀制度。

心道法師在會中為大眾開示：「靈鷲山將在緬甸辦理生命和平大學，培養全世界優秀的人才共同推廣世界和平，解救地球的生態危機。期盼所有僧團都能夠團結，共同護持佛教、愛護地球，也歡迎住持們在未來能再度到靈鷲山，共續法緣。」

年度
報導

僧眾春秋安居精進閉關
開心門 找回圓滿的心性

↑心道法師為春安居閉關僧眾開示。

　　靈鷲山在二月、九月分別舉辦「春安居閉關」及「秋季禪十閉關」；十二月於下院聖山寺善法大樓啟建「二〇一九年靈鷲山華嚴法會」。難得的閉關禪修與持誦華嚴，期許全體僧眾從專注與清楚中，找回圓滿的本性。

↑來自德國等地禪修學員，參與春安居閉關。

　　今年二月十八日起到四月七日，為僧眾春安居精進四十九閉關；九月二日起至九月十一日，為僧眾秋季禪十閉關。在十二月十三日起至十二月二十九日，則為「二〇一九年靈鷲山華嚴法會」。

　　僧眾閉關，在心道法師帶領下，以禪找回本心。每日清晨從坐禪、功法、疾走等動靜之間體驗禪，跟隨心道法師的四個步驟逐一深入，僧眾們在身心安定中，脫落塵惑，找回本覺、光明的心性。

　　年底，靈鷲山於下院聖山寺善法大樓啟建「二〇一九年靈鷲山華嚴法會」，僧信二眾在為期十七天的法會中，虔誠共修《大方廣佛華嚴經》。同時，下院聖山寺金佛殿也舉辦「華嚴經柱裝臟大典」，讓護持聖山福城的功德主，將刻有自己姓名的銘版，裝臟入聖山寺華嚴經柱，獲得加持護佑。今年法會也特別安排線上直播共修，讓無法來到現場的信眾，也能一同共修，感受諸經之王《華嚴經》的富貴與殊勝。

靈鷲山二〇一九年僧眾春秋閉關、華嚴法會時程表

主題	日期	活動	地點
春安居閉關	02/18～04/07	靈鷲山僧委禪四十九	上院華藏海圓通寶殿
	02/18～03/17	靈鷲山僧眾禪二十八	上院華藏海圓通寶殿
	03/17～04/07	居士閉關二十一	上院華藏海圓通寶殿
秋季閉關	09/02～09/11	靈鷲山僧眾禪十	上院華藏海圓通寶殿
法會	12/13～12/29	華嚴法會	下院聖山寺善法大樓

靈鷲山四期教育課程
從生命了解真理 實踐生命的智慧

↑靈鷲山於上院華藏海大講堂舉辦四期教育阿含高階師資培訓課程。

　　靈鷲山開山大和尚心道法師將畢生塚間苦行及斷食閉關的修行，融合佛陀說法的歷程與精要，發展為四期教育，是靈鷲山僧信生生世世發願成佛的修行藍圖。

　　僧眾為天人師，為培育僧眾講師，靈鷲山三乘佛學院安排常住僧眾接受四期教育阿含初階「初轉之法」、進階「無我之相」及高階「解脫之門」等課程培訓，培育海內外的師資；另外，安排禪修師資培訓，讓靈鷲山弟子結合四期教育與禪修，解行並重，在生活中實修戒律、禪定，進而開展智慧。另外，慧命成長學院七月時，於上院無生道場舉辦「四期教育法教志工培訓——創意教學 教材翻轉」課程，招募有心推動佛法創意教學的老師和各界教育工作者，共同研習「阿含初階課程——初轉之法」，將心道法師的法教如同種子，散佈到社會每個角落。

　　在僧眾教育上，在二、四月，邀請靈鷲山研究員為法師說明「愛地球、愛和平」專題課程，讓僧眾了解靈鷲山生命和平大學推廣理念與進程。

在四月、十一月，禮請到了藏傳佛教寧瑪嘎陀派傳承及印度德拉敦地區寧瑪大寺敏卓林佛學院院長堪祖拉尊仁波切昆秋韋瑟為僧眾講授「中觀專題：中觀莊嚴論釋」課程。靈鷲山法師在仁波切的教授下，深入經典並落實修行。在五月，禮請到緬甸仰光全國上座部佛教巴利大學校長鳩摩羅尊者（Bhaddanta Dr. Kumara）及教務主任Ashin Therasabha，為全體僧眾講授南傳專題的「大念處經」及「攝阿毗達磨義論」，持續推動四期教育學程。

六月，心道法師親為法師及龍樹生命和平教育課程的學員親傳授藏傳四加行傳法。這是心道法師自二〇〇五年以來，時隔十四年，再次傳法。

九月，靈鷲山特別恭請藏傳佛教噶舉傳承第八世噶千仁波切來山，為僧眾主講「般若專題：大手印心性指引」，讓全體僧眾繼大圓滿專題後，延伸承接大手印的心性指引課程。

↑靈鷲山為僧眾法師舉辦四期教育阿含高階師資培訓課程。

信眾教育方面，三乘佛學院聯同慧命成長學院於臺灣及馬來西亞、泰國為信眾及榮譽董事開設「四期教育專題——生命關懷」營隊課程。讓人眾透過佛法的教育，從容的面對生命的無常，提醒大眾不是在臨終才開始面對死亡，而是從生到死，都要善待生命。

今年在馬來西亞柔佛及泰國所舉辦的「生命關懷」海外營隊，創下參與人數的新高，新緣佔有全體學員近五成的比例。尤在馬來西亞柔佛地區，更創下學員總數單場破兩百人的紀錄。

下半年，慧命成長學院在全臺區會講堂開設「阿含高階課程——解脫之門」，並分別於馬來西亞、上海舉辦四期教育初階或進階課程，期盼不同地區的學員，都能學習到心道法師的四期教育法教，並將佛法落實在生活中，實踐佛法走向解脫之門。

　　靈鷲山教育以「四期教育」為骨幹，以「四期禪」為實踐，解行並重，希望所有佛弟子能在課堂上學習佛法正見，在生活中觀照自心，時時不忘佛陀的法教與發心。

二〇一九年度僧眾四期教育師資培訓課程

日期	活動名稱	地點
01/15、01/22、04/24、05/14、07/16、08/20	阿含期進階課程「無我之道」（教育院同仁）	上院華藏海大講堂
03/25、05/28 09/16 ～ 09/17	平安禪修師資進階培訓課程	上院華藏海圓通寶殿
09/24、10/14	四期教育：阿含期主題「解脫之門」儲備師資培訓課程	上院華藏海大講堂

↑靈鷲山於各地舉辦四期教育課程

二〇一九年度僧眾四期教育課程

日期	活動名稱	地點
02/11、04/15、04/29	「愛地球、愛和平專題」愛地球生命覺醒課程	上院華藏海大講堂
03/22	107（下）三乘佛學院初修部開學典禮	上院妙覺教室
04/12、04/19、05/03、05/17、05/31、06/14	基礎英文	上院妙覺教室
04/16、04/23、04/30、05/07、11/05、11/12、11/19	中觀專題：中觀莊嚴論釋	上院妙覺教室
05/27 ～ 06/26	南傳專題：「攝阿毗達磨義論」、「大念處經」	上院無生道場
05/30 ～ 07/31	般若專題：楞嚴經	上院華藏海大講堂
06/01 ～ 06/03、06/11 ～ 06/12	藏密專題：四加行傳法灌頂與觀修講解	上院聞喜堂二樓
09/19	藏傳專題：大手印心性指引	上院華藏海圓通寶殿
11/25 ～ 11/26	四期教育：僧眾全山大堂研習課程（一）	上院華藏海大講堂

二〇一九年度信眾四期教育課程

日期	活動名稱	地點
05/02 ～ 06/06	四期教育專題——生命關懷，共六堂	基隆講堂
05/26 ～ 05/27	四期教育專題——生命關懷	馬來西亞柔佛地區
07/20 ～ 07/21	四期教育專題——生命關懷	泰國國際禪修中心
07/26 ～ 07/28	四期教育法教志工培訓——創意教學 教材翻轉	上院無生道場
10/17 ～ 12/05	阿含期高階「解脫之門」課程，共八堂	基隆講堂、臺北講堂、新北分院、桃園講堂、臺南分院、高屏講堂、蘭陽講堂
11/01 ～ 11/03	阿含期進階課程「無我之道」營隊	中國上海合川空間
11/15 ～ 11/17	阿含期初階課程「初轉之法」營隊	馬來西亞吉隆坡
11/29 ～ 12/01	四期教育專題——生命關懷（榮董）	臺灣新竹地區

靈鷲山平安禪
禪修靜心 慈悲眾生

　　靈鷲山平安禪法是心道法師多年的禪修經驗,以觀音菩薩耳根圓通法門為主要法門的禪修方法。行者透過平安禪的調息、淨心專注、覺知出入息、聆聽寂靜等四步驟的引導下,放下俗世的紛擾,沉澱躁動的心,聆聽自己,找回心的原點。

　　為推廣平安禪修,靈鷲山在上院無生道場、全臺各區會講堂,以及海外講堂中心皆定期舉辦平安禪修課程。靈鷲山上院無生道場,為不同根器的學員,分別安排禪一、禪三的基礎禪修課程;更安排讓具有禪修基礎的禪修者,報名精進禪七、禪十及春安居信眾二十一日禪修。今年心道法師,更首次在臺北市劍潭青年活動中心舉辦平安禪法課程,希望接引更多對禪修有興趣的社會大眾享受平安禪法的寧靜與喜樂。

↑靈鷲山於上院華藏海圓通寶殿舉辦平安禪修。

↑靈鷲山於花蓮玉山神學院舉辦平安禪三課程。

靈鷲山全臺各區會講堂，在平日，則定期在每週安排一次的平安禪活動，也分別輪流安排護法信眾回山體驗一日禪的課程，在山海雲水間，與自己相處，看山、看海、看心。今年在海外各地也有相當多場由心道法師帶領的禪修活動，心道法師從四月開始在馬來西亞，五月在德國、奧地利，六、七、九月在馬來西亞，以及十月在尼泊爾、十一月在中國揚州，讓信眾把握面對面學習禪修的機緣，能夠接觸、認識、體驗禪修，期盼能夠珍惜學佛的善緣，透過禪修調整自心，利樂一切有情眾生，讓自身離苦得樂。

二〇一九年靈鷲山上院無生道場年度平安禪活動表

禪修日期	課程	禪修地點
01/18～01/20	基礎禪三	上院無生道場
03/17～04/07	春安居信眾禪二十一	上院無生道場
05/17～05/19	基礎禪三（有機蔬菜汁斷食）	上院無生道場
08/23～08/25	基礎禪三（有機蔬菜汁斷食）	上院無生道場
09/20～09/22	基礎禪三（有機蔬菜汁斷食）	上院無生道場
06/14～06/16	進階禪三（有機蔬菜汁斷食）	上院無生道場
07/21～07/27	進階禪七（有機蔬菜汁斷食）	上院無生道場
09/02～09/11	秋季信眾禪十	上院無生道場
10/27～11/02	進階禪七	上院無生道場

二〇一九年平安禪教育推廣

平安禪修課程		
日期	名稱	地點
03 ～ 12 月	一日禪	全臺講堂
04/02 ～ 05/30	平安禪基礎班（共八堂）	全臺講堂
04/11 ～ 06/06 07/06 ～ 07/07	平安禪進階班（共八堂）	全臺講堂
08/24 ～ 08/25	平安禪基礎班（密集班，共四堂）	蘭陽講堂
10/04 ～ 10/06	平安禪三	臺北市劍潭青年活動中心
戶外旅行禪		
日期	名稱	地點
05/24 ～ 05/26	花蓮旅行禪	花蓮鯉魚潭/玉山神學院
11/01 ～ 11/03	臺東旅行禪	臺東東河部落
國際禪修		
日期	名稱	地點
04/19 ～ 04/21	平安禪三	馬來西亞檳城禪修中心
04/26 ～ 04/28	平安禪三	馬來西亞吉隆波中心
05/03 ～ 05/05	平安禪三	德國貝格霍夫
05/05 ～ 05/11	平安禪七	德國慕尼黑本篤禪修中心
05/12 ～ 05/18	平安禪七	奧地利賴歇爾斯貝格修道院
06/09	一日禪	泰國國際禪修中心

國際禪修		
日期	名稱	地點
06/15	第四屆檳城千人平安禪暨音樂會	馬來西亞檳城植物公園
07/05 ～ 07/07	平安禪三	馬來西亞檳城禪修中心
09/20 ～ 09/22	平安禪三	馬來西亞柔佛中心
10/08 ～ 10/10	平安禪三	尼泊爾密勒日巴國際禪修中心
11/08 ～ 11/10	平安禪三	中國江蘇省揚州市鑑真圖書館
12/08	一日禪	泰國國際禪修中心
禪法工培訓		
日期	名稱	地點
01 ～ 12 月	禪法工培訓	上院無生道場

靈鷲山護法會
護持佛法 利樂有情

　　二〇一九年為靈鷲山護法會成立二十九週年,每位護法善信堅守在自己的位置,為靈鷲山各項弘法利生、深耕文化與靈性成長的志業努力,不放棄任何一個善緣,持續傳播正覺,護持佛法。

　　靈鷲山護法會成員為實踐心道法師慈悲與禪的教化,依循心道法師的菩薩志業,不僅以「工作即修行、生活即福田」於日常實修、實踐。更在平日精進禪修,及弘法利生等志業。

　　今年,靈鷲山護法總會針對不同的護法信眾,開辦了「儲委精進營」、「委員成長營」,「幹部四季成長營」,希望透過這些課程,讓每位護法信眾都能循序漸進地認識佛法、認識心道法師、認識靈鷲山的各項弘法志業,並成為護持佛法、弘揚佛法、利益眾生的不退轉菩薩。靈鷲山護法總會也特別與靈鷲山的教育單位合作,開設「四期教育」教育課程,包括平安禪課程以及「阿含高階課程——解脫之道」,期盼靈鷲山的護法善心都能在四期教育的成佛地圖中,解行並重,生生世世發菩提心、堅定地走在成佛的正見道路上。

↑靈鷲山護法會舉辦幹部四季成長營。

靈鷲山護法總會，每年在亞洲各地區輪流舉辦「靈鷲山亞洲宗風營」，讓每位護法成員都能透過一年一會的機會，交流佛法，凝聚共識。今年第七屆亞洲宗風營，輪到中國地區護法會於中國南京籌辦。宗風營原先僅為東南亞華人地區所舉辦的宗風課程。在護法人數日漸成長，學員數也持續增加，擴大成為亞洲地區的宗風課程。期盼在每一次的課程、聚會中，讓每一個階段的護法善信，都能更了解靈鷲山，共同為弘揚佛法努力，種下更多的菩提種子。

↑靈鷲山護法會幹部委員透過課程凝聚共識，堅定學佛的道心。

心道法師於冬季幹部成長營為大眾開示：「佛法是一個善業，期望大眾自心要常起善念、善心、做善事，讓社會啟動更多的善連結，活絡這個社會，讓社會善念滿滿。明年就是護法三十週年，而我們下一個三十年，就是要愛地球，讓地球健康，也讓人類能夠永續，平安的生活。期盼我們這個團隊，能夠充滿正面的能量，持續造福地球，造福人類。」

二〇一九年護法會培訓課程系列活動表

日期	活動名稱	地點
2020/01/04	二〇一九年委員歲末感恩聯誼會	下院聖山寺善法大樓
02/17	春季成長營	上院華藏海三樓大講堂
03/09、03/10	授證委員精進營	新北分院、高屏講堂
03/16、03/17	儲委精進營（第一堂課）	臺北講堂、臺南分院
04/27 ～ 04/28	夏季成長營暨新科委員授證大會	下院聖山寺善法大樓
06/02	委員成長營	下院聖山寺善法大樓
06/28 ～ 06/30	第七屆亞洲宗風營	中國南京
07/13	委員成長營	下院聖山寺善法大樓
07/14	委員成長營	下院聖山寺善法大樓
08/31	委員成長營	臺南分院
09/01	委員成長營	下院聖山寺善法大樓
09/28 ～ 09/29	秋季成長營	下院聖山寺善法大樓
10/19、10/20	儲委精進營（第二堂課）	臺北講堂、臺南分院
11/23 ～ 11/24	冬季成長營	下院聖山寺善法大樓
12/14、12/15	儲委精進營（第一堂課）	臺北講堂、臺南分院

靈鷲山榮譽董事會
發願成就佛國福城

↑靈鷲山榮譽董事於臺北市王朝飯店舉辦榮董聯誼會。

靈鷲山榮譽董事會於一九九五年舉辦首場榮董授證典禮，隔年即在臺北市世貿大樓舉辦榮譽董事會成立大會。榮董會的成員來自十方大眾，其中有全球企業的老闆，也有來自你我生活中平凡的家庭。大家齊聚在此，在善業的路上攜手前進，成就靈鷲山的和平志業。

榮董會每年舉辦「春慈聯會」、「秋禪聯會」。藉由一年兩次的聚會，讓各區會榮董進行佛法交流，凝聚共識。七月，舉辦「福至心靈 眾心成城」的榮董聯誼餐會，會議上正式發佈下院聖山寺「福城計劃」，邀請柯宏宗建築師為大家解說「福城計劃」的建築理念，希望大家一起推動成就，福氣連連。

課程方面，開設「四期教育專題——生命關懷」營隊課程與「榮董菁英平安禪」。提醒學員在面臨從生到死的時刻，要學習善待自己及他人的生命。在禪修課程中，由法師的帶領，讓榮董學員體驗平安禪法，透過四步驟，放下平日工作的壓力，沈澱自我，找回初心。

↑靈鷲山舉辦榮董生命關懷探索營。

朝聖行程，在榮董會秘書長妙用法師的帶領下，前往西藏拉薩市、日喀則市、林芝市等藏傳佛寺與聖地參訪。列為世界文化遺產的藏傳傳統佛寺大昭寺，以及歷任藏傳格魯派達賴喇嘛習文、學經、修習佛法的宮殿羅布林卡，及冬居的住所布達拉宮，與噶瑪噶舉派的主寺楚布寺，再到藏傳薩迦派傳承的貢嘎曲德寺參訪。朝聖團員透過佛陀尊者的聖地參訪，感受殊勝的能量。

心道法師於榮董聯誼餐會為大眾開示聖山寺「福城建設」：「每一個發心的菩薩們，大家除了自己擁有福氣，也應該要呼朋引伴一起進入福城。我們之所以成就華嚴聖山福城，就是為了讓大家共同創造福氣、共同成就菩提心、共同成就佛道，這是我們共同的責任，希望大家一起發心發願的地方，成就這條成佛之路。」

二〇一九年榮譽董事會年度課程系列活動表

日期	活動名稱	地點
02/07	榮董新春團拜與師有約	下院聖山寺善法大樓
04/01	榮董春慈聯會	新北市貢寮區福容大飯店
06/01	榮董菁英平安禪（一）	上院華藏海圓通寶殿
07/06	「讓心回家」全球榮董聯誼午宴	臺北市王朝大酒店
08/11	榮董水陸拈香暨與師有約	桃園巨蛋體育館
08/30	榮董秋禪聯會	上院華藏海大講堂
09/13～09/21	西藏朝聖之旅	西藏
10/19	新科榮董授證大會暨感恩午宴	新北市汐止區寬和廣場
11/16	榮董菁英平安禪（二）	上院華藏海圓通寶殿
11/30～12/01	榮董生命關懷探索營	新竹
12/14、12/15、12/21、12/22、12/28	華嚴法會榮董拈香	下院聖山寺善法大樓

靈鷲山榮譽董事會 師父開示
福至心靈 眾心成城

來自全國各地的榮董大德們,大家辛苦了,阿彌陀佛。

↑ 心道法師於榮董聯誼會,為大眾開示。

聖山寺這邊為什麼稱為「福城」?靈鷲山位於新北市福隆地區,地址所在是貢寮區福連里,我們將在福隆與福連,這個福氣連連的地方成就華嚴聖山福城。希望每位發心的菩薩們,大家除了自己擁有福氣,也要呼朋引伴一起進入福城。讓大家共同創造福氣、共同成就菩提心、共同成就佛道,這就是我們的責任。大家要一同發心發願,成就成佛道路。

靈鷲山推動的四期教育,以「阿含」為基礎,「般若」為通路。在有了基礎的佛法,與般若通路的思考,接著建立起願成佛的願力,也就是「法華」的願力。

讓我們生生世世發願鞏固我們的菩提心,菩提心讓我們走向成佛的道路。

當我們發起菩提心,面對再度輪迴時,就能接續學佛的記憶,與大家再次連結成共生共願、相依相存的「華嚴」世界。華嚴世界的成就,是因為我們發願成就自覺覺他的生命覺醒,創造出一個華嚴生命的互聯網。從阿含與般若的基礎上,達到圓滿的成果。

當我們覺醒時,找到生命的根,叫做涅槃,接著才能真正的發願利他,成就自覺覺他的佛果。學佛,走向覺醒,走向覺性的世界、空性的世界。這就是我們生生世世,值得去學習,去切切實實實踐的,然後再回到物質世界時,就能夠事事無礙。所以學習四期教育,能讓我們清楚如何無礙,創造美好的生命。

續佛慧命 承接正法
了解生命 尊重生命 喜歡生命

　　靈鷲山慧命成長學院作為心道法師關懷社會人文教育志業的體現，自二〇〇二年創辦以來，長期舉辦佛學及世學課程，藉以推動大眾重視生命教育，明白生命的意義，讓生命能有所依止。

　　慧命成長學院所開設的課程，不限特定的宗教背景，或具專業學養的學員才能參與。所有對佛法教育有興趣的大眾，都可共同來體驗身心靈成長的快樂。

　　今年開課內容，靈鷲山全臺各區講堂開設「平安禪」八堂課課程，各區會定期舉辦的「一日禪」。特別的是在十月，恭請心道法師親臨臺北市劍潭青年活動中心教授平安禪法課程，這是心道法師首次在臺北市中心舉辦禪修課程，讓更多對禪修有興趣的民眾，可以體驗平安禪修的寧靜與喜樂。

　　佛學教育中，宗博館生命和平多元空間於四月舉辦第二屆「藏傳淨障積資實修」課程，禮請到藏傳佛教寧瑪嘎陀派傳承及印度德拉敦地區寧瑪大寺敏卓林佛學院院長堪祖拉尊仁波切昆秋韋瑟為大眾授課。淨障積資在藏傳佛教中，是修法的前行基礎，也是相當重要的修行方式。在五月，禮請到緬甸仰光全國

↑靈鷲山慧命成長學院於馬來西亞柔佛，舉辦生命關懷專題「覺醒之道——心靈探索營」營隊。

上座部佛教巴利大學校長鳩摩羅尊者教授第二屆「國際南傳佛教課程」在家居士必修學分班。課程包含《安般念經》，教導觀呼吸禪法，以及令修習者生起信心，皆得安樂的《三寶經》；最後是帶領大眾開展四無量心的《慈經》。

龍樹生命和平教育中心，今年總共舉辦兩場課程及一場禪修閉關，同時在今年四月，於上院華藏海大講堂舉辦第一屆「龍樹EPL生命和平大學習」畢業典禮。龍樹生命和平教育課程是為青年學子所打造的一個融合佛法與實修的修習課程。禮請不同傳承的尊者以及專家學者，以三年完整次第的教育課程，培育學員成為具有多元共生世界觀的實踐者，未來可以在社會中不同領域成為愛與和平的領導者，體現心道法師「愛地球、愛和平」的理念。

↑靈鷲山慧命成長學院於臺南分院舉辦禪法課程。

世學方面，於宗博館生命和平多元空間舉辦「香藥茶道學」課程。邀請茶道學專家林淑子老師，從易經、陰陽、五行、六十四掛象的角度，以茶、香為主要素材，來講授茶療養生在節氣上的運用，引領大家透過思維生活，讓生活更圓融與和諧。

二〇一九年慧命成長學院年度課程系列活動

主題	日期	課程	地點
平安禪法	03 月～ 12 月	一日禪，共二十六場	全臺講堂
	04/11 ～ 05/30	平安禪修課程（基礎/進階），共八堂	全臺講堂
專案課程	10/04 ～ 10/06	平安禪法課程	臺北市劍潭青年海外活動中心
佛學教育	04/12 ～ 04/21	第二屆「藏傳淨障積資實修」課程	宗博館生命和平多元空間
	07/27 ～ 08/04	第二屆「國際南傳佛教課程」在家居士必修學分班	宗博館生命和平多元空間
專題課程	03/30 06/15 06/16 07/13	水陸專題，共四場	臺中講堂 香港佛學會 臺南分院 臺中講堂
專題課程	08/24、08/25、09/21、09/22	基礎梵唄，共四場	蘭陽講堂
龍樹生命和平教育	01/25 ～ 01/29	龍樹生命和平教育課程（一）	上院無生道場
	04/25 ～ 04/29	龍樹生命和平教育課程（二）禪修閉關	上院華藏海圓通寶殿
	04/30	第一屆「龍樹EPL生命和平大學習」畢業典禮	上院無生道場
	05/21 ～ 05/25	龍樹生命和平教育課程（三）	上院無生道場
	06/01	「藏密傳法：四加行傳法灌頂與觀修講解」	上院聞喜堂二樓
世學課程	09/04 ～ 10/09（每週四）	藥香茶道學	宗博館生命和平多元空間

靈鷲山國際青年團
以五德翻轉生命 培育和平善種子

↑靈鷲山國際青年團於下院聖山寺舉辦第七屆國際哈佛青年營。

　　靈鷲山於二〇一四年成立國際青年團，聚集全球的優秀青年，學習佛法，成為佛法永續的種子。這群青年學子承接釋迦如來的使命，懷著觀音菩薩的慈悲，腳踏著地藏菩薩的和平願力，將這份善念延續到社會，成為推動愛與和平的種子。

　　今年，靈鷲山國際青年團每月舉辦「跟著悉達多來探險」課程，從課程主題安排，鍛鍊孩子的五德能力，讓孩子培養正面創造力、積極領導力、樂觀知識力、願力社交力和愛心品格力。同時由全省各區會青年團持續籌辦各講堂的兒童學佛營活動，讓孩童透過遊戲學習佛法，為孩子心中種下佛法種子。

　　五月、七月，在馬來西亞、臺灣兩地分別舉辦「第七屆國際哈佛青年營」。召集海內外的青年學子，共同參與三天兩夜的營隊活動。活動中，禮請

法師教授佛門行儀課程，學習佛法正知見；組員也在團隊遊戲中互相支援闖關，共同成長。

八月，於水陸法會期間舉辦「水陸同學會與師有約──青年大皈依與提問」。學員把握難得與心道法師近距離請法的機會，提出學佛遇到的問題及生活大小事。心道法師更是逐一為大眾開示解惑，同時叮嚀大家要保持覺知的心，負起傳承諸佛法的神聖使命。

↑青年團於水陸法會期間，舉辦「水陸同學會與師有約」。

幹部培訓課程，邀請社會專業人士及在社群公益服務的單位團體，為學員授課。同時講師也帶著學員，以實際行動為社區服務，發揮影響力。讓團員不僅止深入佛法，更培養溝通與組織的能力，為社會展開實際作為。

↑青年團幹部學員在「營的力量」幹訓課程中，凝聚互信與團結力。

二〇一九年靈鷲山國際青年團年度系列活動

日期	活動名稱	地點
01/27	跟著悉達多來探險（一）	下院聖山寺
03/02	營的力量 —— 幹部訓練	宗博館慧命教室
03/09 ～ 03/10	普仁FUN心營及全國頒獎典禮	聖山寺及新北市貢寮區福容飯店
05/18 ～ 05/20	第一屆國際哈佛青少年營（吉隆坡地區）	馬來西亞佛陀教育中心
05/25	跟著悉達多來探險（二）	下院聖山寺
06/15	跟著悉達多來探險（三）	下院聖山寺
06/29	營的力量 —— 幹部訓練	宗博館慧命教室
07/17 ～ 07/21	第七屆國際哈佛青年營（臺灣地區）	下院聖山寺
08/08	水陸同學會與師有約 青年大皈依與提問	桃園巨蛋體育館
07/22	兒童快樂學佛營 —— 跟著悉達多來尋寶	臺中講堂
08/24	跟著悉達多來探險（四）	下院聖山寺
09/21	跟著悉達多來探險（五）	下院聖山寺
10/19	跟著悉達多來探險（六）	下院聖山寺
11/16 ～ 11/17	營的力量 —— 幹部訓練 青年團團員大會暨歲末聯誼	臺北市南機場食物銀行 新北市長庚養生村
11/23	跟著悉達多來探險（七）	下院聖山寺

靈鷲山全球心寧靜教師營
從寧靜中找尋力量

↑第十四期「心寧靜～情緒管理教學」教師研習營。

　　靈鷲山從二〇一一年開始，在臺灣各小學、中學及高中校園率先推廣心寧靜運動。同年七月，於上院無生道場舉辦第一期「心寧靜情緒管理教學研習營」，當天有七十多位老師齊聚，在三天的研習營結束後，以「播撒心寧靜種子，成就心寧靜生命，創造心寧靜的世界」為核心理念，正式成立「靈鷲山全球心寧靜教師團」。藉由讓教學者先行學習、理解寧靜，並以身教去延伸教導下一代的孩子，學習寧靜與寧靜共處。

　　靈鷲山全球心寧靜教師營以心道法師的一分鐘平安禪，結合教學會談，幫助孩子成為情緒的主人，學習與自己共處，進而促進學習力增長。教師團以「靈鷲山兒童生命教育——心寧靜運動」教材，搭配心寧靜的三項工具，寧靜手環、一分鐘平安禪、寧靜之歌串起寧靜運動。

　　今年從一月到十二月，全球心寧靜教師團在全臺及馬來西亞等地，分別舉辦心寧靜推廣教學，在每位種子教師的推廣下，將寧靜的力量散佈在校園的每一處，讓每個孩子，體會到寧靜的力量。同時，全球心寧靜教師團也持續培育更多的教師、教職員，提升教師團學員的素質及心寧靜運動教學的純熟度。

　　三月、六月，教師團在全臺北、中、南區舉辦三場的「心寧靜～做情緒的主人」單日教師研習。七月，在上院無生道場舉辦第十四期「心寧靜～情緒管理教學」教師研習營，這場研習營參加的教師、職員，也首度創下單場破百人的紀錄。在創意教學專業講師楊田林老師帶領下，藉由創意教學，讓不論是第一次參與的學員，又或是常年的志工老師，因這場活動法喜充滿，凝聚力也加倍。八月，在慧命教室所舉辦的「全球心寧靜教師團團員大會」，在每位老師如觀音化身的感染力之下，讓心寧靜運動持續在社會推廣，展現正面循環的力量。

↑ 靈鷲山全球心寧靜教師團舉辦第十四期「心寧靜～情緒管理教學」教師研習營。

心寧靜教學年度課程系列活動表

日期	活動名稱	地點
01 ～ 12	心寧靜推廣教學，共二十場	馬來西亞獨立中學、宜蘭縣蘇澳國中、臺中市北屯區格瑞特幼兒園、基隆講堂等地
03/19 北區 03/23 中區 06/15 南區	「心寧靜～做情緒的主人」單日教師研習，共三場	1.臺北市中山國小 2.臺中市大里國小 3.高雄市鳳陽國小
07/05 ～ 07/07	第十四期「心寧靜～情緒管理教學」教師研習營（三日）	上院無生道場
08/17	全球心寧靜教師團團員大會	宗博館慧命教室
12/21 ～ 12/22	心寧靜領導力培訓（二日）	上院無生道場

年表
2019

日期	活動摘要
01～12	靈鷲山全球心寧靜教師團於馬來西亞獨立中學、臺中市北屯區格瑞特幼兒園、宜蘭縣蘇澳國中以及靈鷲山基隆講堂等地舉辦「心寧靜教學推廣」。
01/01	交通部東北角暨宜蘭海岸國家風景區管理處於新北市貢寮區福容大飯店，舉辦「光點福隆──二○一九福隆迎曙光」慶祝活動，靈鷲山於下院聖山寺配合活動舉辦「敲響和平鐘」祈福儀式，以及帶領遊客體驗平安禪修活動。
01/05	世界宗教博物館舉辦「東南亞節慶文化體驗工作坊──南洋寶盒輕黏土拼貼創作」，邀請中華國際手作生活美學推廣協會認證師資林明芬教導製作。
01/06	靈鷲山二○一八年華嚴閉關法會圓滿日當天，靈鷲山啟建「二○一九年第二場水陸先修──大悲觀音祈福瑜伽焰口法會」。
01/08～01/24	靈鷲山於緬甸仰光大善園國際禪修中心舉辦「生命和平大學冬季實驗學校」，邀請來自全球十四個國家、地區的教授以及學生，以「解決生態危機的根源：邁向新戰略」為題，討論「愛地球、愛和平」的實踐方略。課程期間，心道法師帶領學員前往仰光聖地大金塔、生命和平大學預定用地及勃固濕地園區導覽；以及參訪仰光大學、仰光佛教巴利大學。
01/10	靈鷲山下院聖山寺舉辦第七屆「臘八送暖‧呷平安」活動，於新北市貢寮、雙溪、澳底等地區發送臘八粥給鄰里居民、社區與教育等單位。
01/10、24、31	靈鷲山臺北講堂舉辦「華嚴讀書分享會」。
01/11	靈鷲山慈善基金會於馬祖南竿鄉仁愛國小舉辦「連江地區普仁獎頒獎典禮」。
01/12	靈鷲山於新北市貢寮石碇溪出海口舉辦「淨灘愛地球、愛和平活動」。
01/12	世界宗教博物館舉辦「奇幻精靈劇場──好大的胡蘿蔔」教育推廣活動。
01/12	靈鷲山慈善基金會於新北市三重區珍豪大飯店舉辦「新北A區普仁獎頒獎典禮」。
01/13	世界宗教博物館「南傳佛教文化特展──深河遠流」特展，舉辦「踩踏緬甸街──華新街」教育推廣活動，邀請緬甸街導覽員楊萬利及宗博館導覽專員，帶領學員前往緬甸街（新北市中和區華新街）參觀走訪。
01/13	靈鷲山下院聖山寺舉辦「生活中遇見佛陀（進階版）」志工團教育活動。
01/13	靈鷲山慈善基金會於新北市板橋區正隆廣場舉辦「新北C區普仁獎頒獎典禮」。
01/13	靈鷲山慈善基金會於嘉義市政府中庭舉辦「嘉義地區普仁獎頒獎典禮」。
01/13	靈鷲山慈善基金會於蘭陽講堂舉辦「宜蘭地區普仁獎頒獎典禮」。
01/15	中華民國外交部帶領各國家軍公教政府官員來山，於上院華藏海圓通寶殿體驗禪修課程。
01/15	靈鷲山慈善基金會於臺北講堂舉辦「二○一九年普仁全球推行委員會第一次例行會議」。
01/15～08/20	靈鷲山三乘佛學院於上院無生道場舉辦僧眾課程「四期教育：阿含初階課程──初轉之法儲備師資課程」，禮請林國賓老師授課。
01/17～01/20	靈鷲山三乘佛學院於上院無生道場舉辦「山海行者──第十九屆大專青年佛門探索營」。
01/18～01/20	靈鷲山於上院無生道場舉辦「平安禪三」。
01/18	靈鷲山慈善基金會於金門縣中正國小舉辦「金門地區普仁獎頒獎典禮」。

壹

月

壹 月	01/19～02/19	世界宗教博物館配合金門文化園區歷史民俗博物館主辦「二○一九博物館尋寶總動員～經典博物館環遊趣」活動，與臺灣史前文化博物館、鶯歌陶瓷博物館、佛光山佛陀紀念館、國立科學工藝博物館共同合作，邀請民眾前往體驗。
	01/19	靈鷲山基隆講堂舉辦「基隆講堂重新啟用典禮暨歲末聯誼會」。
	01/19	心道法師蒞臨靈鷲山馬來西亞佛學會於吉隆坡華人會館舉辦「馬來西亞佛學會歲末聯誼會」，為當地信眾開示。
	01/19	靈鷲山慈善基金會於花蓮縣議會舉辦「花蓮地區普仁獎頒獎典禮」。
	01/20	靈鷲山慈善基金會於臺北市新興國中舉辦「臺北地區普仁獎頒獎典禮」。
	01/20	靈鷲山慈善基金會於新北市新莊區典華會館舉辦「新北B區普仁獎頒獎典禮」。
	01/20	靈鷲山慈善基金會於桃園市桃園區桃園高中舉辦「桃園地區普仁獎頒獎典禮」。
	01/20	靈鷲山慈善基金會於新竹縣竹北體育館舉辦「新竹地區普仁獎頒獎典禮」。
	01/20	靈鷲山慈善基金會於臺南市晶英酒店舉辦「臺南地區普仁獎頒獎典禮」。
	01/20	靈鷲山慈善基金會於高雄市鼓山區龍華國小舉辦「高屏地區普仁獎頒獎典禮」。
	01/21	靈鷲山緬甸臘戌大善園寺今年首度獲丹麥大使館責任企業基金會（Responsible Business Fund），贊助一萬兩千美金，補助建設太陽能板再生能源。
	01/23	靈鷲山花蓮中心舉辦「花蓮中心新居落成暨歲末聯誼會」。
	01/25～01/29	靈鷲山龍樹生命和平教育中心於上院無生道場舉辦「第三屆開學典禮」
	01/26	世界宗教博物館舉辦「奇幻精靈劇場——小老鼠的拼布被」教育推廣活動。
	01/26	靈鷲山護法會於下院聖山寺善法大樓舉辦「委員歲末聯誼會」。
	01/31	靈鷲山於下院聖山寺善法大樓舉辦「職工歲末聯誼會」。
貳 月	02	《靈鷲山二○一八弘法紀要》出版。
	02/01、05、22	靈鷲山臺南分院舉辦「平安禪共修」。
	02/01～02/22	靈鷲山高屏講堂每週五舉辦「平安禪共修」。
	02/02、02/16	靈鷲山新營共修處舉辦「大悲咒共修」。
	02/02	靈鷲山高屏講堂舉辦「百萬大悲咒共修」。
	02/04	靈鷲山舉辦「除夕圍爐・拜年晚會」。
	02/04	靈鷲山新莊中港中心舉辦「初一燃燈供佛」。
	02/04～02/25	靈鷲山臺南分院每週一舉辦「禪悅舞」。
	02/04	靈鷲山臺南分院舉辦「《寶篋印陀羅尼經》經典共修」。
	02/04	靈鷲山高屏講堂舉辦「除夕拜願暨新春插頭香」活動。

	02/05～02/09	新春期間，靈鷲山於上下院分別舉辦新春慶祝活動，包括上院「開山聖殿迎請佛舍利聖儀」、「華藏海圓通寶殿平安禪」；下院「聖山寺新春祈福法會」、「金佛殿祈福活動」、「善法大樓與師拜年」等系列活動。
	02/05	靈鷲山基隆講堂一行回山舉辦「濱海朝山」活動。
	02/05、02/19	靈鷲山臺北講堂舉辦「千燈供佛法會」。
	02/05、02/19	靈鷲山樹林中心舉辦「初一、十五佛供暨誦戒會」。
	02/05	靈鷲山嘉義中心舉辦「大悲寰宇暨新春財神法會」。
	02/05、02/19	靈鷲山嘉義中心、臺南分院分別舉辦「初一、十五佛供」。
	02/05、02/19	靈鷲山新營共修處舉辦「初一、十五佛供暨普門品共修」。
	02/05	靈鷲山高屏講堂舉辦「初一佛供」。
	02/05～02/26	靈鷲山蘭陽講堂每週二舉辦「平安禪暨經典共修」。
	02/05～02/19	靈鷲山蘭陽講堂舉辦「初一、十五《金剛般若波羅蜜經》共修暨佛供」。
	02/05～02/10	靈鷲山蘭陽講堂舉辦「新春祈福團拜暨大悲咒共修」。
貳	02/06	新春期間，中國國民黨主席吳敦義來山，拜會心道法師。
	02/06～02/27	靈鷲山中港中心每週三舉辦「平安禪共修」。
	02/06～02/27	靈鷲山高屏講堂每週三舉辦「經典共修」。
月	02/07	靈鷲山榮譽董事會於下院聖山寺善法大樓舉辦「新春團拜暨與師有約聯誼會」。
	02/07、02/21	靈鷲山新營共修處舉辦「經典共修暨大悲咒共修」。
	02/07～02/08	靈鷲山高屏講堂舉辦「新春回山迎財神」。
	02/08	靈鷲山護法會舉辦「靈鷲山護法會執行長新春團拜」。
	02/08～03/01	靈鷲山新北分院每週二舉辦「花與禪」課程。
	02/09	前新北市長朱立倫來山，拜會心道法師。
	02/09	靈鷲山臺北講堂一行回山擔任志工。
	02/10～03/02	世界宗教博物館舉辦「找尋ㄓ×音——豬年宗博走透透」教育推廣活動。
	02/10～02/16	世界宗教博物館舉辦「豬年集章趣」教育推廣活動。
	02/10～02/16	世界宗教博物館舉辦「環保小豬撲滿DIY——創意手作角落」教育推廣活動。
	02/11、04/15、04/29	靈鷲山於上院華藏海大講堂舉辦「新春愛地球愛和平專題分享會」，邀請研究中心研究員高榮孝、劉怡寧與僧眾法師分享心道法師創辦生命和平大學、開設生命和平大學冬季學院以及參與宗教交流的歷程。
	02/11～02/25	靈鷲山新北分院每週一舉辦「平安禪（九分禪）」及「經典共修」。
	02/12	靈鷲山於上院華藏海大講堂舉辦「全體職工新春團拜」。

	02/12～02/26	靈鷲山臺北講堂每週二舉辦「平安禪共修」。
	02/12	靈鷲山高屏講堂執事法泰法師帶領高雄地區普仁獎學童，於高雄市政府拜會高雄市長韓國瑜。
	02/12～02/26	靈鷲山高屏講堂每週二舉辦「書法抄經班」。
	02/12	靈鷲山臺南分院舉辦「齋天——仁王護國經共修」。
	02/13	天主教會臺灣地區主教團宗教交談與合作委員會執行秘書鮑霖神父帶領主教團神父來山參訪。
	02/13	靈鷲山於下院聖山寺善法大樓舉辦「新春供佛小齋天法會」。
	02/13	世界宗教博物館配合慶祝聯合國世界跨宗教和諧活動於生命和平多元空間舉辦「敬天愛人——從電影奇異博士看見不同宗教的相同點」電影觀賞座談會，邀請國立臺灣大學外國語文學系初雅士助理教授、輔仁大學校牧林之鼎神父、國立政治大學心理學系張玉玲教授、佛學講師田運富居士、靈鷲山研究中心主任賴皆興、臺灣神學院賴信道博士舉辦電影映後分享會。
	02/13～02/27	靈鷲山臺北講堂每週三舉辦「經脈導引」及「平安禪共修」。
	02/13～02/27	靈鷲山嘉義中心每週三舉辦「《大乘妙法蓮華經》經典共修」。
	02/13、02/20	靈鷲山花蓮中心舉辦「《地藏菩薩本願功德經》經典共修」。
	02/14、02/28	靈鷲山新營共修處舉辦「經典共修」。
貳	02/15	靈鷲山慈善基金會於生命多元空間舉辦「緬甸弄曼臘戌中文志工團前行會議」。
	02/15～02/17	靈鷲山嘉義中心舉辦「法華法會暨齋天暨燄口法會」。
月	02/16	世界宗教博物館「南傳佛教文化特展——深河遠流」特展，舉辦「每個人都有義務成為暗夜中的火光」教育特展講座，邀請燦爛時光東南亞書店創辦人張正主講。
	02/16	靈鷲山慈善基金會於臺東市社福館舉辦「臺東地區普仁獎頒獎典禮」。
	02/16	靈鷲山臺北講堂於下院聖山寺、宜蘭寂光寺舉辦「大悲共修暨禪修」活動。
	02/16	靈鷲山高屏講堂舉辦「兒童心寧靜一日營」。
	02/16	靈鷲山臺南分院舉辦「護法會委員迎新春茶會」。
	02/16	靈鷲山蘭陽講堂啟建「慈悲三昧水懺法會」。
	02/17	靈鷲山護法會於上院華藏海大講堂舉辦「護法會幹部春季成長營」。
	02/17	靈鷲山基隆講堂舉辦「一日禪」。
	02/17	靈鷲山樹林中心舉辦「大悲咒共修」。
	02/18	總統府秘書長陳菊與內政部次長陳宗彥等貴賓來山，拜會心道法師。
	02/18～04/07	靈鷲山於上院無生道場啟建「春安居僧委禪四十九」。
	02/18～03/17	靈鷲山於上院無生道場啟建「春安居僧眾禪二十八」。
	02/18	靈鷲山基隆講堂舉辦「誦戒會」。

貳 月	02/19、02/26	靈鷲山基隆講堂舉辦「禪修共修」。
	02/19	靈鷲山新莊中港中心舉辦「初一、十五燃燈供佛」。
	02/19、02/26	靈鷲山嘉義中心舉辦「瑜伽班」。
	02/19	靈鷲山臺南分院舉辦「大悲咒共修」。
	02/20	靈鷲山基隆講堂舉辦「書法班」。
	02/21	丹麥格雷沃高中師生一行，參訪世界宗教博物館。
	02/21	靈鷲山桃園講堂舉辦「禪修暨經典共修」。
	02/21	靈鷲山中壢中心舉辦「平安禪共修」。
	02/23	世界宗教博物館舉辦「奇幻精靈劇場──我的弟弟跟你換」教育推廣活動。
	02/23	靈鷲山新莊中港中心舉辦「大悲咒共修」。
	02/24	世界宗教博物館「南傳佛教文化特展──深河遠流」特展，舉辦「朝山尋勝境──走讀導覽」教育推廣活動，邀請緬甸街導覽員楊萬利及宗博館導覽專員，帶領學員前往新北市中和區南勢角緬甸佛塔走訪參觀。
	02/24	靈鷲山基隆講堂一行回山參與「全山志工日」。
	02/24	靈鷲山臺南分院舉辦「《地藏菩薩本願功德經》經典共修」
	02/25	靈鷲山桃園講堂分別舉辦「敦煌舞」。
	02/26	靈鷲山中壢中心舉辦「經典共修」。
	02/26	靈鷲山臺南分院舉辦「《大方廣佛華嚴經普賢行願品》經典共修」。
	02/27	靈鷲山花蓮中心舉辦「大悲咒共修」。
參 月	03/01～03/29	靈鷲山臺南分院、高屏講堂每週五分別舉辦「平安禪共修」。
	03/02～03/31	靈鷲山緬甸弄曼大善園寺沙彌學院舉辦「暑期中文營」，共兩梯次。
	03/02～03/03	靈鷲山國際青年團於永和慧命教室舉辦「青年團春季幹部成長營」。
	03/02、03/23	靈鷲山臺北講堂舉辦「大悲咒共修」。
	03/02、06、30	靈鷲山新營共修處舉辦「大悲咒共修」。
	03/02	靈鷲山高屏講堂舉辦「百萬大悲咒共修」。
	03/03	靈鷲山基隆講堂舉辦「大悲咒共修」。
	03/03	靈鷲山臺中講堂啟建「慈悲三昧水懺法會」。
	03/03	靈鷲山蘭陽講堂於上院無生道場舉辦「大悲咒共修暨健走淨灘」。
	03/04	靈鷲山基隆講堂舉辦「誦戒會」。
	03/04～03/25	靈鷲山新北分院每週一舉辦「平安禪（九分禪）」及「經典共修」。

參 月	03/04～03/25	靈鷲山桃園講堂、中壢中心每週一分別舉辦「敦煌舞」。
	03/04～03/25	靈鷲山臺南分院每週一舉辦「禪悅舞」。
	03/05～03/26	靈鷲山基隆講堂每週二舉辦「禪坐共修」。
	03/05～03/26	靈鷲山臺北講堂每週二舉辦「平安禪共修」。
	03/05～03/26	靈鷲山新北分院每週二舉辦「花與禪」。
	03/05～03/26	靈鷲山樹林中心、中壢中心及蘭陽講堂每週二分別舉辦「平安禪暨經典共修」。
	03/05～03/26	靈鷲山嘉義中心每週二舉辦「瑜伽班」。
	03/05～03/26	靈鷲山臺南分院每週二舉辦「《大方廣佛華嚴經普賢行願品》經典共修」。
	03/05～03/26	靈鷲山高屏講堂每週二舉辦「書法抄經班」。
	03/06～03/27	靈鷲山基隆講堂每週三舉辦「書法抄經班」。
	03/06～03/27	靈鷲山臺北講堂每週三舉辦「經脈導引」與「平安禪共修」。
	03/06～03/27	靈鷲山新莊中港每週三舉辦「平安禪（九分禪）暨經典共修」。
	03/06～03/27	靈鷲山桃園講堂每週三舉辦「敦煌舞（初級班）」。
	03/06～03/27	靈鷲山中壢中心每週三舉辦「敦煌舞」。
	03/06	靈鷲山嘉義中心舉辦「平安禪共修」。
	03/06～03/27	靈鷲山高屏講堂每週三舉辦「經典共修」。
	03/06～03/20	靈鷲山花蓮中心每週三舉辦「《地藏菩薩本願功德經》經典共修」。
	03/07、03/21	靈鷲山臺北講堂舉辦「千燈供佛法會」。
	03/07、03/21	靈鷲山新莊中港中心舉辦「初一、十五燃燈供佛」。
	03/07～03/28	靈鷲山桃園講堂舉辦「平安禪暨經典共修」。
	03/07～03/28	靈鷲山中壢中心每週四舉辦「敦煌舞」。
	03/07、03/21	靈鷲山嘉義中心、臺南分院、新營共修處及高屏講堂分別舉辦「初一、十五佛供」。
	03/07、03/21	靈鷲山臺南分院舉辦「大悲咒共修」。
	03/07、03/21	靈鷲山蘭陽講堂舉辦「初一、十五《金剛般若波羅蜜經》共修暨佛供」。
	03/08	中華民國觀光導遊協會學員一行參訪世界宗教博物館。
	03/08～03/29	靈鷲山樹林中心每週五舉辦四期教育專題：「生命關懷課程」。
	03/09	世界宗教博物館舉辦「奇幻精靈劇場：流浪狗之歌」教育推廣活動。
	03/09	靈鷲山慈善基金會於上院無生道場舉辦「第九屆全國普仁獎FUN心營」，邀請全國普仁獎得主體驗一日的營隊活動。

	03/09	靈鷲山護法會於新北分院舉辦「授證委員精進營（北場）」。
	03/09～03/23	靈鷲山樹林中心每週六舉辦「兒童讀經班」。
	03/09～03/30	靈鷲山中壢中心每週六舉辦「敦煌舞」。
	03/09	靈鷲山臺中講堂舉辦「一日禪」。
	03/10	世界宗教博物館「南傳佛教文化特展──深河遠流」特展，舉辦「踩踏緬甸街──華新街」教育推廣活動，邀請緬甸街導覽員楊萬利及宗博館導覽專員帶領學員前往緬甸街（新北市中和區華新街）走訪。
	03/10	靈鷲山慈善基金會於新北市貢寮區福容大飯店舉辦「第九屆全國普仁獎頒獎典禮」；會後，舉辦「靈鷲山慈善基金會第九屆第三次董事會」。
	03/10	靈鷲山護法會於高屏講堂舉辦「授證委員精進營（南場）」。
	03/10	靈鷲山基隆講堂舉辦「一日禪」。
	03/10	靈鷲山樹林中心舉辦「大悲咒共修」。
參	03/11	中國社會科學院研究員王志遠教授帶領《中華佛教二千年》經典畫冊編輯委員一行共九人來山，拜會心道法師並致贈畫冊。
	03/12～04/02	靈鷲山慈善基金會於緬甸臘戌舉辦「華文學校觀課輔導暨教師增能計畫」。
	03/12～03/13	靈鷲山於新北分院舉辦「全臺講堂秘書培訓課程」。
	03/13、03/27	靈鷲山嘉義中心舉辦「《大乘妙法蓮華經》經典共修」。
月	03/14、03/28	靈鷲山新營共修處舉辦「經典共修」。
	03/14～3/20	靈鷲山緬甸弄曼沙彌學院啟建「帕坦法會」。
	03/16	靈鷲山於新北市貢寮區東興宮旁挖子海灘舉辦「淨灘愛地球、愛和平」活動。
	03/16	靈鷲山護法會於臺北講堂舉辦「儲委第一堂課（北場）」。
	03/16	靈鷲山基隆講堂舉辦「朝禮靈鷲聖山」活動。
	03/16	靈鷲山臺中講堂舉辦「大悲咒共修」。
	03/17～04/07	靈鷲山舉辦「春安居士禪二十一」。
	03/17	靈鷲山護法會於臺南分院舉辦「儲委第一堂課（南場）」。
	03/17	靈鷲山臺北講堂舉辦「《大乘妙法蓮華經》經典共修」。
	03/19	靈鷲山全球心寧靜教師團於臺北市中山區中山國小舉辦「心寧靜～做情緒的主人」北區單日教師研習營。
	03/22	靈鷲山三乘佛學院於上院無生道場舉辦「一〇七年下學期開學典禮」。
	03/23	靈鷲山於下院聖山寺善法大樓舉辦「第三場水陸先修法會──大悲觀音更密無上圓滿施食大法會暨春季祭典」。

	03/23	靈鷲山全球心寧靜教師團於臺中市大里區大里國小舉辦「心寧靜～做情緒的主人」中區單日教師研習營。
	03/23	靈鷲山新莊中港中心舉辦「大悲咒共修」。
	03/23	靈鷲山臺中講堂回山參與「觀音三會大朝山」。
	03/23～03/24	靈鷲山臺南分院回山參與「觀音三會大朝山」。
	03/23、03/30	靈鷲山花蓮中心舉辦「佛前大供」。
	03/24	靈鷲山基隆講堂於基隆市正濱國小啟建「第二十屆清明懷恩大法會」及敬老關懷活動。
	03/24	靈鷲山樹林中心舉辦「厚雅人生講座」，禮請靈鷲山首座了意法師主講。
	03/24	靈鷲山臺中講堂一行回山擔任志工。
	03/24	靈鷲山臺南分院舉辦「《大乘妙法蓮華經》經典共修」。
參	03/25	靈鷲山於觀音聖誕日舉辦「觀音三會大朝山」活動。
	03/25	靈鷲山三乘佛學院於上院無生道場舉辦僧眾課程「禪修師資進階培訓」，由廣純法師主講。
	03/25	靈鷲山臺北講堂、中港中心及中壢中心於觀音菩薩聖誕日，回山參與「觀音三會大朝山」。
	03/25	靈鷲山臺中講堂舉辦「佛供」。
	03/25	靈鷲山嘉義中心舉辦「《觀世音菩薩普門品》、〈大悲咒〉暨佛供共修法會」。
月	03/26	世界宗教博物館舉辦「奇幻精靈劇場：國王駕到」教育推廣活動。
	03/27	靈鷲山花蓮中心舉辦「大悲咒共修」。
	03/29	靈鷲山泰國禪修中心於泰北湄宏順舉辦「泰北三二九公主盃反毒青年運動大會」及「第一屆泰國普仁獎頒獎典禮」。
	03/30	靈鷲山慧命成長學院於臺中講堂舉辦「水陸專題課程」。
	03/30	靈鷲山臺北講堂一行回山擔任志工。
	03/30	靈鷲山樹林中心舉辦「地藏法會暨千佛法會」。
	03/30	靈鷲山桃園講堂舉辦「大悲咒共修」。
	03/30	靈鷲山蘭陽講堂舉辦「一日禪」。
	03/31	靈鷲山國際青年團於下院聖山寺舉辦「跟著悉達多來探險：野外春季班」活動。
	03/31	靈鷲山臺北講堂、新北分院分別舉辦「一日禪」。
	03/31	靈鷲山嘉義中心、臺南分院、嘉義中心及臺南分院分別啟建「慈悲三昧水懺法會」。
	03/31	靈鷲山新竹共修處啟建「地藏法會」。
	03/31	靈鷲山高屏講堂舉辦「新春大聯誼」。

	04/01～04/29	靈鷲山新北分院每週一舉辦「平安禪（九分禪）」與「經典共修」。
	04/01～04/29	靈鷲山桃園講堂、中壢中心每週一分別舉辦「敦煌舞」。
	04/01～04/29	靈鷲山臺南分院每週一舉辦「禪悅舞」。
	04/02～04/30	靈鷲山基隆講堂每週二舉辦「平安禪（基礎班）」。
	04/02～04/30	靈鷲山臺北講堂、樹林中心每週二分別舉辦「平安禪共修」。
	04/02～04/30	靈鷲山新北分院每週二舉辦「花與禪」。
	04/02～04/30	靈鷲山中壢中心、蘭陽講堂每週二分別舉辦「平安禪暨經典共修」。
	04/02～04/30	靈鷲山嘉義中心每週二舉辦「瑜伽班」。
	04/02～04/30	靈鷲山臺南分院每週二舉辦「《大乘妙法蓮華經》經典共修」。
	04/02～04/30	靈鷲山新營共修處每週二舉辦「昆達里尼瑜伽」。
	04/02～04/30	靈鷲山高屏講堂每週二舉辦「書法抄經班」。
肆　月	04/03	靈鷲山慈善基金會受邀見證臺北市立萬芳醫院，捐贈價值新臺幣二百萬元的胃鏡設備給臘戌社會福利會，於臘戌市政廳舉行捐贈典禮。
	04/03～04/24	靈鷲山基隆講堂每週三舉辦「書法班」。
	04/03～04/24	靈鷲山臺北講堂每週三舉辦「經脈導引」。
	04/03～04/24	靈鷲山臺北講堂、嘉義中心每週三分別舉辦「平安禪共修」。
	04/03～04/24	靈鷲山新莊中港中心每週三舉辦「平安禪（九分禪）暨經典共修」。
	04/03～04/24	靈鷲山桃園講堂每週三舉辦「敦煌舞（初級班）」。
	04/03～04/24	靈鷲山中壢中心每週三舉辦「敦煌舞」。
	04/03～04/24	靈鷲山高屏講堂每週三舉辦「經典共修」。
	04/03～04/17	靈鷲山花蓮中心每週三舉辦「《地藏菩薩本願經》經典共修」。
	04/04	世界宗教博物館舉辦「歡樂兒童節：星球導覽＋變裝體驗」活動。
	04/04	靈鷲山桃園講堂舉辦「平安禪暨經典共修」。
	04/04～04/25	靈鷲山中壢中心每週四舉辦「敦煌舞」。
	04/05	中國福建省地方誌學會名譽會長陳秋平等貴賓來山，拜會心道法師。
	04/05、04/19	靈鷲山臺北講堂舉辦「千燈供佛法會」。
	04/05～04/26	靈鷲山樹林中心每週五舉辦「四期教育專題課程：生命關懷」。

	04/05、04/19	靈鷲山樹林中心舉辦「初一、十五誦戒暨佛供」。
	04/05、04/19	靈鷲山臺中講堂、嘉義中心、臺南分院、新營共修處及高屏講堂分別舉辦「初一、十五佛供」。
	04/05、04/19	靈鷲山臺南分院舉辦「大悲咒共修」。
	04/05～04/26	靈鷲山高屏講堂每週五舉辦「平安禪共修」。
	04/05、04/19	靈鷲山蘭陽講堂每週二舉辦「初一、十五金剛經共修暨佛供」。
	04/06～04/15	心道法師於宜蘭莿仔崙靈山塔進行閉關。
	04/06	世界宗教博物館於資源學習中心舉辦「《媽祖文化志》捐贈典禮」，由陳國寧館長代表接受中國福建省地方志學會致贈《媽祖文化志》。
	04/06、04/07	世界宗教博物館舉辦「歡樂兒童節：星球導覽＋變裝體驗」活動。
	04/06～04/27	靈鷲山中壢中心每週六舉辦「敦煌舞」。
	04/06	靈鷲山新營共修處舉辦「大悲咒共修」。
肆	04/06、04/13	靈鷲山新營共修處舉辦「四期教育專題課程：生命關懷」。
	04/06	靈鷲山高屏講堂舉辦「百萬大悲咒共修」。
	04/06、04/20	靈鷲山花蓮中心舉辦「《觀世音菩薩普門品》經典共修暨佛前大供」。
	04/07～04/28	靈鷲山於上院無生道場啟建「大悲閉關21」，在圓滿日當天，於下院聖山寺啟建「聖千手千眼大悲觀音灌頂法會」，恭請心道法師為圓滿閉關的精進學員灌頂、傳授大悲觀音法門。當日下午，靈鷲山與新北市政府及貢寮區公所合作，於龍門運動公園舉辦「相鷲種樹愛地球」公益種樹活動。
月	04/07	靈鷲山基隆講堂舉辦「一日禪」。
	04/07	靈鷲山新北分院、新莊中港中心分別啟建「慈悲三昧水懺法會」。
	04/08	靈鷲山基隆講堂舉辦「誦戒會」。
	04/10、04/24	靈鷲山嘉義中心舉辦「《大乘妙法蓮華經》經典共修」。
	04/11、17、22	「大悲閉關21」期間，靈鷲山舉辦「職工大悲閉關」邀請職工回山共修〈大悲咒〉，共分三梯次。
	04/11～04/25	靈鷲山臺北講堂、新莊中港中心及桃園講堂每週四分別舉辦「平安禪」。
	04/11～04/25	靈鷲山新北分院每、中壢中心及嘉義中心每週四分別舉辦「平安禪（禪訓一）」。
	04/11～04/25	靈鷲山樹林中心及花蓮中心每週四分別舉辦「平安禪（基礎班）」。
	04/12～04/21	世界宗教博物館發展基金會生命和平多元空間舉辦「第二屆藏傳淨障積資實修課程」，禮請藏傳佛教寧瑪噶陀派傳承及印度德拉敦地區寧瑪大寺敏卓林佛學院院長堪祖拉尊仁波切昆秋韋瑟為學員授課。
	04/12～06/14	靈鷲山三乘佛學院每週五於上院無生道場舉辦僧眾課程「基礎英文（二）」，禮請楊銀蘭老師主講。
	04/12～04/26	靈鷲山臺南分院每週五舉辦「平安禪（禪訓一）」。

	04/13	世界宗教博物館舉辦「奇幻精靈劇場：勇敢的奇奇不怕黑」教育活動。
	04/13	靈鷲山基隆講堂一行回山擔任志工。
	04/13	靈鷲山臺北講堂舉辦「水陸精進課程」。
	04/13、04/20	大悲閉關期間，靈鷲山新莊中港中心回山參與「大悲咒共修」。
	04/13、04/20	靈鷲山樹林中心舉辦「兒童讀經班」。
	04/13	靈鷲山臺中講堂舉辦「一日禪」。
	04/13～04/14	大悲閉關期間，靈鷲山嘉義中心舉辦「朝禮靈鷲聖山」活動，並參與「大悲咒共修」。
	04/14	靈鷲山國際青年團於慧命教室舉辦「超IG感！畫出打卡級的禪繞畫」課程。
	04/14	大悲閉關期間，靈鷲山基隆講堂回山參與「大悲咒共修」。
	04/14	靈鷲山臺北講堂一行回山擔任志工。
	04/14	靈鷲山樹林中心舉辦「大悲咒共修」。
肆	04/14	靈鷲山中壢中心、臺中講堂分別啟建「慈悲三昧水懺法會」。
	04/14	靈鷲山高屏講堂舉辦「孔雀開屏‧富貴降臨 —— 高屏講堂先修團結分享大會」。
	04/14	靈鷲山馬來西亞佛學會舉辦「慈悲三昧水懺法會」。
	04/15	靈鷲山樹林中心一行回山舉辦「齋僧」。
月	04/16～05/07	靈鷲山三乘佛學院於上院無生道場舉辦僧眾課程「中觀專題：中觀莊嚴論釋（四）」，恭請藏傳寧瑪噶陀派傳承及印度德拉敦地區寧瑪大寺敏卓林佛學院院長堪祖拉尊仁波切昆秋韋瑟教授主講。
	04/18～04/26	心道法師緬甸弘法行程，親臨靈鷲山緬甸弄曼沙彌學院主持開學典禮，並出席「緬甸弄曼大善園寺副院長及比丘教師聘書」的頒聘儀式。
	04/18	靈鷲山緬甸弄曼沙彌學院舉辦開學典禮。
	04/18	靈鷲山法師受邀為新北市福隆海水浴場「福隆國際沙雕藝術季」灑淨祈福。
	04/19	靈鷲山新莊中港中心舉辦「初一、十五燃燈供佛」。
	04/19～04/21	靈鷲山馬來西亞檳城禪修中心舉辦「平安禪三」。
	04/20	靈鷲山於東興宮旁挖子海灘舉辦「淨灘愛地球、愛和平」活動。
	04/20	大悲閉關期間，靈鷲山基隆講堂舉辦「朝禮靈鷲聖山」活動，並參與「大悲咒共修」。
	04/20	大悲閉關期間，靈鷲山臺中講堂回山參與「大悲咒共修」。
	04/20～04/21	大悲閉關期間，靈鷲山臺南分院舉辦「朝禮靈鷲聖山」活動，並參與「大悲咒共修」。
	04/21	靈鷲山受新北市政府、泰國貿易經濟辦事處邀請協辦「第九屆泰國藤球友誼賽暨潑水節」活動，禮請靈鷲山富貴金佛於現場供民眾浴佛禮拜祈福。

	04/21	世界宗教博物館「南傳佛教文化特展 —— 深河遠流」特展期間,舉辦「緬甸佛寺巡禮 —— 走讀導覽」教育推廣活動,邀請緬甸街導覽員楊萬利及宗博館導覽專員主講。
	04/21	靈鷲山基隆講堂一行回山擔任志工。
	04/21	靈鷲山樹林中心舉辦「一日禪」。
	04/21	靈鷲山泰國禪修中心啟建「消災延壽藥師法會」。
	04/22	靈鷲山在世界地球日當天,於多羅觀音道場舉辦「千萬大悲愛地球」募經祈福活動,將靈鷲山從二〇一二年啟建至今共累計一千一百萬遍的〈大悲咒〉迴向地球平安。
肆	04/23	靈鷲山於緬甸弄曼大善園寺舉辦「緬甸弄曼大善園寺副院長及比丘教師聘書」的頒聘儀式,禮請國家僧伽委員會秘書長巴旦達・善迪瑪比溫達(Bhaddanta Sandi Marbhivamsa)見證,由心道法師為新上任的副院長及比丘教師頒聘受職聘書。
	04/24	靈鷲山花蓮中心舉辦「大悲咒共修」。
	04/25~04/29	靈鷲山龍樹生命和平教育中心舉辦「平安禪修閉關」。
	04/26~04/28	靈鷲山馬來西亞吉隆坡中心舉辦「平安禪三」。
月	04/27	世界宗教博物館舉辦「奇幻精靈劇場:小鼴鼠的烏寶寶」教育活動。
	04/27	靈鷲山榮譽董事會於新北市福隆福容大飯店舉辦「春慈聯會」。
	04/27~04/28	靈鷲山護法會於下院聖山寺善法大樓舉辦「夏季成長營暨全國授證大會」。
	04/28	大悲閉關圓滿日當天,靈鷲山於下院聖山寺啟建「聖千手千眼大悲觀音灌頂法會」,恭請心道法師為圓滿閉關的精進學員進行灌頂,傳授大悲觀音法門。
	04/28	大悲閉關圓滿日當天下午,靈鷲山與新北市政府及貢寮區公所合作,於龍門運動公園舉辦「相鷲種樹愛地球」公益種樹活動。
	04/28	靈鷲山臺南分院舉辦「《大乘妙法蓮華經》經典共修」。
	04/29~05/25	靈鷲山緬甸弄曼大善園寺沙彌學院舉辦「暑期中文營」,共兩梯次。
	04/30	靈鷲鷲山龍樹生命和平教育中心於上院無生道場舉辦「第一屆畢業典禮」。
	05/01~05/29	靈鷲山臺北講堂每週三舉辦「經脈導引」與「平安禪共修」。
	05/01~05/29	靈鷲山新莊中港中心每週三舉辦「平安禪(九分禪)暨經典共修」。
伍	05/01~05/29	靈鷲山桃園講堂每週三舉辦「敦煌舞(初階班)」。
	05/01~05/29	靈鷲山中壢中心每週三舉辦「敦煌舞」。
	05/01	靈鷲山嘉義中心舉辦「禪修共修」。
	05/01~05/29	靈鷲山高屏講堂每週三舉辦「經典共修」。
月	05/01~05/22	靈鷲山花蓮中心每週三舉辦「《地藏菩薩本願經》經典共修」。
	05/02~06/06	靈鷲山基隆講堂每週四舉辦「四期教育專題課程 —— 生命關懷」。

	05/02~05/30	靈鷲山臺北講堂、新莊中港中心及桃園講堂每週四分別舉辦「平安禪共修」。
	05/02~05/30	靈鷲山新北分院、中壢中心及嘉義中心每週四分別舉辦「平安禪（禪訓一）」。
	05/02~05/30	靈鷲山樹林中心、花蓮中心每週四分別舉辦「平安禪（基礎班）」。
	05/02~05/30	靈鷲山中壢中心每週四舉辦「敦煌舞」。
	05/03~05/21	心道法師歐洲弘法行程，於德國貝格霍夫（Berghof）、慕尼黑本篤禪修中心（Benediktushof Meditation Center）與奧地利賴歐爾斯貝格修道院（Stift Reichersberg）等地教授平安禪。
	05/03~05/05	心道法師歐洲弘法期間，於德國貝格霍夫（Berghof）教授「平安禪三」。
	05/03~05/05	靈鷲山慧命成長學院於北京舉辦「阿含期初階課程——初轉之法」。
	05/03~05/31	靈鷲山樹林中心每週五舉辦「助念團培訓課程」。
	05/03~05/31	靈鷲山臺南分院每週五舉辦「平安禪（禪訓一）」。
	05/03~05/31	靈鷲山高屏講堂每週五舉辦「平安禪共修」。
	05/04~05/19	靈鷲山於下院聖山寺金佛殿舉辦「浴佛報恩佛腳抱抱活動」。
伍	05/04	靈鷲山慈善基金會於臺北講堂舉辦「二〇一九普仁共識會議」。
	05/04	靈鷲山基隆講堂啟建「慈悲三昧水懺法會」。
	05/04	靈鷲山臺北講堂一行回山擔任志工。
	05/04	靈鷲山新莊中港中心舉辦「一日禪」。
月	05/04	靈鷲山樹林中心舉辦「親子一日禪」。
	05/04~05/25	靈鷲山中壢中心每週六舉辦「敦煌舞」。
	05/04	靈鷲山高屏講堂舉辦「百萬大悲咒共修」。
	05/04	靈鷲山花蓮中心舉辦「《觀世音菩薩普門品》經典共修暨佛前大供」。
	05/05~05/11	心道法師歐洲弘法期間，於德國慕尼黑本篤禪修中心（Benediktushof Meditation Center）教授「平安禪七」。
	05/05~05/09	靈鷲山護法會前往日本高野山等地進行「日本文化之旅」。
	05/05	靈鷲山基隆講堂舉辦「大悲咒共修」。
	05/05、05/19	靈鷲山臺北講堂舉辦「千燈供佛法會」。
	05/05~05/12	靈鷲山新北分院舉辦「浴佛節慶祝活動」。
	05/05、05/19	靈鷲山樹林中心舉辦「初一、十五誦戒暨佛供」。
	05/05、05/19	靈鷲山新莊中港中心舉辦「初一、十五燃燈供佛」。
	05/05	靈鷲山臺中講堂、馬來西亞檳城禪修中心分別啟建「慈悲三昧水懺法會」。

	05/05	靈鷲山嘉義中心舉辦「一日禪」。
	05/05、05/19	靈鷲山嘉義中心、臺南分院、新營共修處及高屏講堂分別舉辦「初一、十五佛供」。
	05/05	靈鷲山臺南分院與臺南市安平區公所共同於臺南市安平區觀夕平台海灘舉辦淨灘活動。
	05/05、05/19	靈鷲山臺南分院舉辦「大悲咒共修」。
	05/05	靈鷲山臺南分院舉辦「《大乘妙法蓮華經》經典共修」。
	05/05、05/19	靈鷲山高屏講堂舉辦「第四場水陸先修法會前行——茶餅會」。
	05/05、05/19	靈鷲山蘭陽講堂舉辦「初一、十五金剛經共修暨佛供」。
	05/06	靈鷲山基隆講堂舉辦「誦戒會」。
	05/06~05/27	靈鷲山新北分院每週一舉辦「平安禪（九分禪）」與「經典共修」。
	05/06~05/27	靈鷲山桃園講堂、中壢中心每週一分別舉辦「敦煌舞」。
	05/06~05/27	靈鷲山臺南分院每週一舉辦「禪悅舞」。
	05/06	靈鷲山新營共修處舉辦「大悲咒共修」。
伍	05/07~05/21	靈鷲山基隆講堂每週二舉辦「平安禪（基礎班）」。
	05/07~05/28	靈鷲山新北分院每週二舉辦「花與禪」。
	05/07~05/28	靈鷲山樹林中心、蘭陽講堂每週二分別舉辦「平安禪暨經典共修」。
	05/07~05/28	靈鷲山嘉義中心每週二舉辦「瑜伽班」。
月	05/07~05/28	靈鷲山臺南分院每週二舉辦「《大乘妙法蓮華經》經典共修」。
	05/07~05/28	靈鷲山新營共修處每週二舉辦「昆達里尼瑜伽」。
	05/07~05/28	靈鷲山高屏講堂每週二舉辦「書法抄經班」。
	05/08	心道法師歐洲弘法期間，於德國慕尼黑本篤禪修中心（Benediktushof Meditation Center）會見本篤禪修中心創辦人威里吉斯‧雅格爾神父（Willigis Jäger），以及生命和平大學智庫成員德國慕尼黑大學恩斯特‧普伯教授（Prof. Dr. Ernst Pöppel）。
	05/08~05/29	靈鷲山基隆講堂每週三舉辦「書法班」。
	05/08~05/29	靈鷲山嘉義中心每週三舉辦「《大乘妙法蓮華經》經典共修」。
	05/10~05/12	靈鷲山樹林中心舉辦「浴佛節慶祝活動」。
	05/10~05/12	靈鷲山蘭陽講堂舉辦「第十三屆萬佛燈會」。
	05/10	緬甸有機栽培與生產協會副總裁、曼德勒科技大學生物科技系所客座教授Dr. Than Than Sein參訪靈鷲山緬甸弄曼農場。
	05/11	靈鷲山與基隆市政府於基隆嶼合作舉辦「二〇一九珍愛海洋‧魚樂基隆」活動，進行淨灘暨魚苗放流行動。
	05/11	世界宗教博物館舉辦「奇幻精靈劇場：第一個親親」教育活動。

	05/11	靈鷲山臺北講堂於上院華藏海圓通寶殿舉辦「一日禪」。
	05/11～05/25	靈鷲山樹林中心每週六舉辦「兒童讀經班」。
	05/11	靈鷲山中壢中心舉辦「平安禪」與「佛供」。
	05/12～05/18	心道法師歐洲弘法期間，於奧地利賴歇爾斯貝格修道院（Stift Reichersberg）教授「平安禪七」。
	05/12	靈鷲山基隆講堂、桃園講堂及臺南分院分別舉辦「一日禪」。
	05/12	靈鷲山臺北講堂、嘉義中心、臺南分院、高屏講堂及花蓮中心分別舉辦「浴佛節慶祝活動」。
	05/16、05/17	靈鷲山於下院聖山寺善法大樓舉辦「同仁宗風共識營」，共兩梯次。
	05/17～05/19	靈鷲山於上院華藏海圓通寶殿舉辦「平安禪三」
	05/18～10/13	世界宗教博物館策劃展出「供養藝術——心、器、法的對話」特展暨開展典禮。
	05/18～07/14	世界宗教博物館策劃展出「布施自在——廖芳英布貼聖像畫作品展」。
伍	05/18	世界宗教博物館於宇創廳舉辦「北宋青瓷國際論壇」，邀請中國河南省文物考古研究所前副所長趙青雲，以「北宋青瓷新論」發表論文演說。會後，邀請中國古陶瓷學會名譽會長葉文程教授、著名古陶藝評鑑家邱小君教授、祥太文教基金會院長王福源、國立歷史博物館成者仁博士、南華大學視覺藝術與設計學系助理教授江美英等進行專家座談會。
	05/18	世界宗教博物館資源學習中心（信俗文化資源交流中心）正式啟用。
月	05/18、19、25	世界宗教博物館「布施自在——廖芳英布貼聖像畫作品展」期間，舉辦「百花齊放——布貼畫祈福創作」教育活動。
	05/18～05/20	靈鷲山國際青年團首次於馬來西亞吉隆坡舉辦「國際哈佛青年營」。
	05/18～05/19	靈鷲山三乘佛學院於上院無生道場舉辦「山海行者——佛營同學會·禪的旅行」。
	05/18	靈鷲山寂光寺啟建「地藏法會暨瑜伽燄口法會」。
	05/18	靈鷲山臺北講堂、花蓮中心分別啟建「慈悲三昧水懺法會」。
	05/19	靈鷲山與社團法人新北市藥師公會合作於新北市石碇溪步道舉辦「淨灘愛地球、愛和平」活動。
	05/19	靈鷲山護法會新北A區於新北市三重區永盛里活動中心舉辦「幸福人生講座：生命關懷——善緣善了」，邀請護法會副總會長鄭呂碧雪師姐主講。
	05/19	靈鷲山樹林中心、桃園講堂分別舉辦「大悲咒共修」。
	05/19	靈鷲山中壢中心啟建「慈悲三昧水懺法會」。
	05/19	靈鷲山臺南分院舉辦「學佛與生活暨水陸課程」。
	05/19	靈鷲山新營共修處舉辦「一日禪」
	05/21	緬甸仰光市僧伽委員會主席納猶長老來山，與心道法師會面。
	05/24	總統蔡英文、總統府秘書長陳菊及內政部長徐國勇來山，拜會心道法師。
	05/24～05/26	靈鷲山於花蓮鯉魚潭、玉山神學院舉辦「花蓮旅行禪」。

	05/25	靈鷲山與DHL Taiwan Express洋基通運股份有限公司合作，於新北市石碇溪步道舉辦「淨灘愛地球、愛和平」活動。
	05/25	世界宗教博物館舉辦「奇幻精靈劇場：花婆婆」教育活動。
	05/25	靈鷲山臺北講堂、新莊中港中心分別舉辦「大悲咒共修」。
	05/25	靈鷲山高屏講堂於高雄市巨蛋體育館舉辦「皮卡克親子迎佛音樂市集」。
	05/25～05/26	靈鷲山馬來西亞檳城禪修中心舉辦「兒童快樂學佛營——跟著悉達多來尋寶」。
	05/26	靈鷲山基隆講堂一行回山擔任志工。
伍	05/26	靈鷲山於高雄市巨蛋體育館舉辦第四場水陸先修法會——「孔雀開屏·富貴降臨——孔雀明王經暨五大士瑜伽焰口法會」。
	05/26～05/27	靈鷲山馬來西亞柔佛中心於柔佛New York Hotel舉辦「四期教育專題課程——生命關懷」。
	05/27～06/01	靈鷲山慈善基金會與臺北市立萬芳醫院合作於緬甸臘戌社會福利會（Social Welfare Association）舉辦「腸胃科醫療義診及技術交流活動」。
月	05/27～06/26	靈鷲山三乘佛學院於上院無生道場舉辦僧眾課程「南傳專題——大念處經（二）」，恭請緬甸仰光全國上座部國立佛教巴利大學校長鳩摩羅尊者（Bhaddanta Dr. Kumara）主講。
	05/27～06/26	靈鷲山三乘佛學院於上院無生道場舉辦僧眾課程「南傳專題課程——攝阿毗達磨義論（五）」，恭請緬甸仰光全國上座部國立佛教巴利大學教務主任Ashin Therasabha主講。
	05/27	靈鷲山臺北講堂回山舉辦「齋僧」。
	05/28	靈鷲山三乘佛學院於上院無生道場舉辦僧眾課程「禪修師資進階培訓」，由廣純法師主講。
	05/29	靈鷲山花蓮中心舉辦「大悲咒共修」。
	05/30～06/03	靈鷲山慈善基金會與臺灣口腔照護協會（Taiwan Oral Care Association，TOCA）合作，於緬甸仰光Day Care Center舉辦「East University牙醫種子教師培訓課程」。
	05/30～07/31	靈鷲山三乘佛學院於上院無生道場舉辦僧眾課程「般若專題：楞嚴經（三）」，禮請蔡玉鳳老師主講。
	06/01	靈鷲山三乘佛學院於上院聞喜堂二樓為僧眾法師及龍樹生命教育中心學員舉辦「藏密傳法：四加行傳法灌頂與觀修講解」課程，恭請心道法師教授。
陸	06/01	世界宗教博物館「布施自在——廖芳英布貼聖像畫作品展」，舉辦「財神爺布貼畫創作：手作工作坊教育活動」，邀請藝術家廖芳英老師主講。
	06/01	靈鷲山榮譽董事會於上院華藏海圓通寶殿舉辦「菁英平安禪」。
	06/01～06/02	靈鷲山護法會於下院聖山寺善法大樓三樓舉辦「委員成長營」。
	06/01	靈鷲山基隆講堂啟建「慈悲三昧水懺法會」。
月	06/01	靈鷲山臺北講堂於臺北市福華大飯店舉辦「和平禪樂·大悲心起」義賣音樂會。
	06/01～06/29	靈鷲山樹林中心每週六舉辦「兒童讀經班」。
	06/01～06/29	靈鷲山中壢中心每週六舉辦「敦煌舞」。

	06/01	靈鷲山嘉義中心舉辦「平安禪共修」。
	06/01	靈鷲山高屏講堂舉辦「百萬大悲咒共修」。
	06/01、06/15	靈鷲山花蓮中心舉辦「《觀世音菩薩普門品》經典共修暨佛前大供」。
	06/02	靈鷲山護法會於下院聖山寺善法大樓舉辦「委員成長營」。
	06/02	靈鷲山基隆講堂舉辦「大悲咒共修」。
	06/02	靈鷲山新北分院、臺中講堂分別啟建「慈悲三昧水懺法會」。
	06/02	靈鷲山樹林中心一行回山擔任志工。
	06/03	靈鷲山於下院聖山寺善法大樓啟建「二〇一九年水陸法會——第一場齋僧法會」。
	06/03	靈鷲山基隆講堂舉辦「誦戒會」。
	06/03、06/17	靈鷲山臺北講堂舉辦「千燈供佛法會」。
陸	06/03、06/17	靈鷲山樹林中心舉辦「初一、十五誦戒暨佛供」。
	06/03~03/24	靈鷲山新北分院每週一舉辦「平安禪（九分禪）」與「經典共修」。
	06/03、03/17	靈鷲山新莊中港中心、新營共修處、嘉義中心、臺南分院及高屏講堂分別舉辦「初一、十五燃燈供佛」。
	06/03~03/24	靈鷲山桃園講堂、中壢中心每週一分別舉辦「敦煌舞」。
	06/03、03/17	靈鷲山臺中講堂舉辦「佛供」。
月	06/03、03/17	靈鷲山臺南分院舉辦「大悲咒共修」。
	06/03~03/24	靈鷲山臺南分院每週一舉辦「禪悅舞」。
	06/03、03/17	靈鷲山蘭陽講堂舉辦「初一、十五《金剛般若波羅密經》經典共修暨佛供」。
	06/04~06/25	靈鷲山基隆講堂每週二舉辦「禪坐共修」。
	06/04~06/25	靈鷲山臺北講堂每週二舉辦「平安禪」。
	06/04~06/25	靈鷲山新北分院每週二舉辦「花與禪」。
	06/04~06/25	靈鷲山樹林中心、中壢中心及蘭陽講堂每週二分別舉辦「平安禪暨經典共修」。
	06/04~06/25	靈鷲山嘉義中心每週二舉辦「瑜伽班」。
	06/04~06/25	靈鷲山臺南分院每週二舉辦「《大乘妙法蓮華經》經典共修」。
	06/04~06/25	靈鷲山新營共修處每週二舉辦「昆達里尼瑜伽」。
	06/04~06/25	靈鷲山高屏講堂每週二舉辦「書法抄經班」。
	06/05~06/26	靈鷲山基隆講堂每週三舉辦「書法抄經班」。
	06/05~06/26	靈鷲山臺北講堂每週三舉辦「經脈導引」與「平安禪」。

	06/05～06/26	靈鷲山新莊中港中心、花蓮中心每週三分別舉辦「平安禪暨經典共修」。
	06/05～06/26	靈鷲山桃園講堂每週三舉辦「敦煌舞（初級班）」。
	06/05～06/26	靈鷲山中壢中心每週三舉辦「敦煌舞」。
	06/05	靈鷲山嘉義中心舉辦「讀書會」。
	06/05～06/09	靈鷲山臺南分院啟建「梁皇寶懺法會」。
	06/05～06/26	靈鷲山高屏講堂每週三舉辦「經典共修」。
	06/06	靈鷲山基隆講堂舉辦「四期教育專題課程——生命關懷」。
	06/06～06/20	靈鷲山桃園講堂每週四舉辦「平安禪暨經典共修」。
	06/06～06/27	靈鷲山中壢中心每週四舉辦「敦煌舞」。
	06/06～06/20	靈鷲山花蓮中心每週四舉辦「平安禪（基礎班）」。
	06/07～06/28	靈鷲山樹林中心每週五舉辦「助念團培訓課程」。
	06/07	靈鷲山高屏講堂舉辦「平安禪共修」。
陸	06/08～06/15	心道法師東南亞弘法行程，首先前往馬來西亞柔佛啟建「觀音百供消災祈福法會」；接著於新加坡拜訪各宗教團體進行交流，最後於馬來西亞檳城舉辦「第四屆檳城千人平安禪暨音樂會」活動。
	06/08～06/10	心道法師東南亞弘法行程，於馬來西亞柔佛再也大馬禮堂主法「觀音百供消災祈福法會」。
月	06/08～06/16	靈鷲山慈善基金會與臺灣口腔照護協會（Taiwan Oral Care Association，TOCA）合作，於緬甸臘戍偏鄉地區進行醫療義診。
	06/08	中國閩南佛學院第十六屆畢業僧參學團參訪世界宗教博物館。
	06/08	世界宗教博物館舉辦「奇幻精靈劇場：端午節」與「粽子香包袋」活動。
	06/09	靈鷲山基隆講堂、泰國禪修中心分別舉辦「一日禪」。
	06/10	靈鷲山緬甸弄曼大善園寺於生命和平大學預定用地緬甸勃固省仰曼快速公路二十一公里處啟建「恭迎和平大佛安座法會」。
	06/10～06/14	靈鷲山臺北講堂與新北分院合作舉辦「中國五台山朝聖之旅」。
	06/11	心道法師東南亞弘法行程，於靈鷲山新加坡中心會見當地信眾並帶領共修。
	06/11	心道法師東南亞弘法行程，參訪新加坡巴亞維回教教堂，並與伊斯蘭教導師哈比哈山（Habib Hassan Alatas）等不同宗教團體，以及新加坡前伊斯蘭教事務部長雅格博士交流會談。
	06/12	心道法師東南亞弘法行程，參訪新加坡中央錫克廟，並與錫克福利理事會主席Gurdip Singh交流會談。
	06/12	心道法師東南亞弘法行程，受新加坡跨宗教組織CIFU（Centre of Interfaith Understanding）邀請，參加跨宗教團體交流會議。
	06/12、06/26	靈鷲山嘉義中心舉辦「平安禪暨《大乘妙法蓮華經》經典共修」。
	06/13	心道法師東南亞弘法行程，前往新加坡天主教聖德蘭療養院拜訪。

	06/14～06/16	靈鷲山於上院無生道場舉辦「平安禪三（進階斷食）」。
	06/14～06/28	靈鷲山臺南分院每週五舉辦「平安禪」。
	06/14～06/28	靈鷲山高屏講堂每週五舉辦「平安禪（進階禪訓）」。
	06/15	心道法師東南亞弘法行程，出席於馬來西亞檳城植物公園舉辦的「第四屆檳城千人平安禪暨音樂會」，教授平安禪。
	06/15	世界宗教博物館發展基金會於生命和平多元空間舉辦「藏傳佛法基礎課程：三密相應」，禮請不丹龍欽塔巴林寺堪布仁千仁波切教授。
	06/15	靈鷲山國際青年團於下院聖山寺舉辦「跟著悉達多來探險」教育活動。
	06/15	靈鷲山全球心寧靜教師團於高雄市小港區鳳陽國小舉辦「心寧靜～做情緒的主人」南區單日教師研習營。
	06/15	靈鷲山於石碇溪出海口舉辦「淨灘愛地球、愛和平活動」。
陸	06/15	靈鷲山基隆講堂於基隆市議會會議室舉辦「幸福人生講座——富貴人生」，邀請靈鷲山護法會副總會長呂碧雪師姐主講。
	06/15	靈鷲山臺北講堂、蘭陽講堂分別啟建「慈悲三昧水懺法會」。
	06/15	靈鷲山桃園講堂舉辦「幹部共識營」。
月	06/15	靈鷲山臺中講堂舉辦「大悲咒共修」與「佛供」。
	06/15	靈鷲山慧命成長學院於香港佛學會舉辦「水陸專題課程」。
	06/16	靈鷲山慧命成長學院於臺南分院舉辦「水陸專題課程」。
	06/16	靈鷲山臺北講堂一行回山擔任志工。
	06/16	靈鷲山樹林中心、嘉義中心分別舉辦「大悲咒共修」。
	06/16	靈鷲山桃園講堂啟建「慈悲三昧水懺法會」。
	06/16	靈鷲山嘉義中心舉辦「水陸精進課程暨志工聯誼會」。
	06/20	靈鷲山於新北分院舉辦「水陸五大中心進場協調會議」。
	06/22～06/23	靈鷲山上下院及各地講堂舉辦「開山三十六週年慶祝活動」，活動包括大朝山、聖山巡禮、宗風表揚、國際青年團臺北A區授證成立、青年團演出等系列活動。
	06/22	世界宗教博物館舉辦「奇幻精靈劇場：端午節」教育活動。
	06/22	靈鷲山於上院無生道場舉辦「禪法工培訓」課程。
	06/22	靈鷲山基隆講堂一行回山擔任志工。
	06/22	靈鷲山新北分院、新莊中港中心分別舉辦「大悲咒共修」。
	06/22～06/23	靈鷲山基隆講堂、臺北講堂、新莊中港中心、桃園講堂、嘉義中心、臺南分院、高屏講堂及花蓮中心回山參加週年慶活動。
	06/23	靈鷲山於下院聖山寺善法大樓啟建「第五場水陸先修法會——大悲觀音普門品暨度亡法會」。

	06/23	世界宗教博物館「供養藝術 —— 心、器、法的對話特展」特展期間，舉辦「供花藝趣 —— 生活花藝工作坊」教育活動，邀請中華花藝文教基金會教授羅彩娥主講。
	06/23	靈鷲山紐約道場啟建「《觀世音菩薩普門品》經典共修」。
	06/27	靈鷲山桃園講堂舉辦「助念團共修」。
陸	06/28～07/01	心道法師中國南京弘法行程，親臨靈鷲山於佛光山祖庭江蘇宜興大覺寺舉辦「第七屆亞洲宗風營」；會後，前往南京市牛首山佛頂寺參訪。
	06/28～06/30	靈鷲山護法會於佛光山祖庭江蘇宜興大覺寺舉辦「第七屆亞洲宗風營」，恭請心道法師蒞臨指導；會後，前往南京市牛首山佛頂寺參訪。
	06/29	靈鷲山國際青年團於慧命教室舉辦「營的力量 —— 青年團幹部成長營」。
月	06/29	靈鷲山臺北講堂、花蓮中心分別舉辦「大悲咒共修」。
	06/29	靈鷲山新莊中港中心舉辦「水陸精進課程」。
	06/29～06/30	靈鷲山桃園講堂舉辦「西區太平山之旅」。
	06/29	靈鷲山臺中講堂舉辦「一日禪」。
	06/30	靈鷲山臺北講堂舉辦「水陸精進課程」。
	06/30	靈鷲山臺南分院舉辦「《大乘妙法蓮華經》經典共修」。
	07/01	心道法師中國南京弘法行程，率眾前往南京市牛首山佛頂寺參訪。
	07/01～07/29	靈鷲山新北分院每週一舉辦「平安禪（九分禪）」與「經典共修」。
	07/01～07/29	靈鷲山桃園講堂、中壢中心每週一分別舉辦「敦煌舞」。
	07/01～07/29	靈鷲山臺南分院每週一舉辦「禪悅舞」。
	07/01	靈鷲山加拿大溫哥華志工團捐贈民生物資及食物給Lil'wat First Nation偏遠部落的加拿大原住民，共161戶、359人受惠。
柒	07/02～07/30	靈鷲山基隆講堂每週二舉辦「禪坐共修」。
	07/02～07/30	靈鷲山臺北講堂每週二舉辦「平安禪共修」。
	07/02～07/30	靈鷲山新北分院每週二舉辦「花與禪」。
	07/02～07/30	靈鷲山樹林中心、中壢中心及蘭陽講堂每週二分別舉辦「平安禪暨經典共修」。
月	07/02～07/30	靈鷲山嘉義中心每週二舉辦「瑜伽班」。
	07/02～07/30	靈鷲山臺南分院每週二舉辦「《大乘妙法蓮華經》經典共修」。
	07/02～07/30	靈鷲山新營共修處每週二舉辦「昆達里尼瑜伽」。
	07/02～07/30	靈鷲山高屏講堂每週二舉辦「書法抄經班」。
	07/03～07/31	靈鷲山基隆講堂每週三舉辦「書法班」。
	07/03～07/31	靈鷲山臺北講堂每週三舉辦「經脈導引」與「平安禪共修」。

	07/03、07/17	靈鷲山臺北講堂舉辦「千燈供佛法會」。
	07/03~07/24	靈鷲山新莊中港中心、花蓮中心每週三分別舉辦「平安禪（九分禪）暨經典共修」。
	07/03、07/17	靈鷲山新莊中港中心、臺中講堂、嘉義中心、臺南分院、新營共修處及高屏講堂分別舉辦「初一、十五燃燈供佛」。
	07/03、07/17	靈鷲山樹林中心舉辦「誦戒會」。
	07/03、07/17	靈鷲山樹林中心舉辦「佛前大供」。
	07/03~07/31	靈鷲山桃園講堂每週三舉辦「敦煌舞（初級班）」。
	07/03~07/31	靈鷲山中壢中心每週三舉辦「敦煌舞」。
	07/03~07/24	靈鷲山嘉義中心每週三舉辦「《大乘妙法蓮華經》經典共修暨平安禪」。
	07/03、07/17	靈鷲山臺南分院舉辦「大悲咒共修」。
	07/03~07/31	靈鷲山高屏講堂每週三舉辦「經典共修」。
	07/03、07/17	靈鷲山蘭陽講堂舉辦「初一、十五《金剛般若波羅蜜經》共修暨佛供」。
柒	07/03、07/17	靈鷲山花蓮中心舉辦「《藥師琉璃光如來本願功德經》經典共修暨佛前大供」。
	07/04~07/25	靈鷲山桃園講堂每週四舉辦「平安禪暨經典共修」。
	07/04~07/25	靈鷲山中壢中心每週四舉辦「敦煌舞」。
	07/04~07/25	靈鷲山花蓮中心每週四舉辦「平安禪共修」。
月	07/05~07/07	靈鷲山於下院聖山寺舉辦「兒童快樂學佛營——跟著悉達多來尋寶」。
	07/05~07/07	靈鷲山全球心寧靜教師團於上院無生道場，舉辦第十四期「心寧靜～情緒管理教學」教師研習營。
	07/05~07/26	靈鷲山樹林中心每週五舉辦「助念團培訓課程」。
	07/05	靈鷲山臺中講堂舉辦「佛供」。
	07/05~07/26	靈鷲山臺南分院、高屏講堂每週五分別舉辦「平安禪共修」。
	07/05~07/07	靈鷲山馬來西亞檳城禪修中心舉辦「平安禪三」。
	07/06	靈鷲山於上院無生道場舉辦「親子禪」。
	07/06	世界宗教博物館「布施自在——廖芳英布貼聖像畫作品展」期間，舉辦「觀世音菩薩布貼畫創作：手作工作坊教育活動」。
	07/06	靈鷲山榮譽董事會於臺北市王朝大酒店舉辦「福至心靈‧眾心成城——榮董聯誼餐會」。
	07/06	靈鷲山基隆講堂啟建「慈悲三昧水懺法會」。
	07/06~07/07	靈鷲山臺北講堂舉辦「臺北生活禪——少年夏令營」。
	07/06~07/20	靈鷲山樹林中心每週六舉辦「兒童讀經班」。

	07/06～07/27	靈鷲山中壢中心每週六舉辦「敦煌舞」。
	07/06	靈鷲山新營共修處舉辦「佛像安座大典」。
	07/06	靈鷲山高屏講堂舉辦「百萬大悲咒共修」。
	07/06	靈鷲山花蓮中心舉辦「親子禪」。
	07/06	靈鷲山緬甸弄曼大善園寺舉辦雨季植樹活動，邀請緬甸撣邦省行政首長林圖（Linn Htut）等地方官員共同參與，並參訪靈鷲山弄曼沙彌學院及弄曼農場。
	07/07	靈鷲山基隆講堂、樹林中心、蘭陽講堂分別舉辦「大悲咒共修」。
	07/07	靈鷲山新北分院啟建「慈悲三昧水懺法會」。
	07/07	靈鷲山中壢中心舉辦「一日禪」。
	07/07	靈鷲山新營共修處舉辦「佛像開光暨地藏法會」。
	07/07	靈鷲山臺中講堂舉辦「兒童快樂學佛營──跟著悉達多來尋寶」。
	07/07	靈鷲山嘉義中心舉辦「幸福人生講座──建構樂齡的親子關係」講座，邀請護法會副總會長鄭呂碧雪師姐主講。
柒	07/08	靈鷲山於下院聖山寺善法大樓啟建「二○一九年水陸法會──第二場齋僧法會」。
	07/08	靈鷲山基隆講堂舉辦「誦戒會」。
	07/08	靈鷲山臺北講堂回山舉辦「齋僧」。
	07/09	靈鷲山與法務部法醫研究所於臺北市立第二殯儀館舉行「臟器檢體火化植葬法會」。
月	07/11～07/25	靈鷲山蘭陽講堂每週四舉辦「平安禪（基礎班）」。
	07/12	靈鷲山桃園講堂舉辦「委員幹部會議」。
	07/12	靈鷲山嘉義中心助念團前往嘉義市立殯儀館為7月3日殉職的鐵路警察李承翰贊經。
	07/13	世界宗教博物館舉辦「奇幻精靈劇場：怕浪費的奶奶」教育活動。
	07/13	靈鷲山慧命成長學院於臺中講堂舉辦「水陸專題課程」。
	07/13	靈鷲山於東興宮旁挖子海灘舉辦「淨灘愛地球、愛和平」活動。
	07/13～07/14	靈鷲山護法會於下院聖山寺善法大樓舉辦「委員成長營」。
	07/13	靈鷲山基隆講堂一行回山擔任志工。
	07/13	靈鷲山臺中講堂舉辦「平安禪」與「水陸精進課程」。
	07/13	靈鷲山嘉義中心舉辦「平安禪共修」。
	07/14～08/05	靈鷲山二○一九水陸法會啟建前，開山大和尚心道法師於上院無生道場閉關二十一天。
	07/14	靈鷲山基隆講堂舉辦「一日禪」。
	07/14	靈鷲山臺北講堂舉辦舉辦水陸精進課程「移動迷宮：一場生命迷宮旅行」。

	07/14	靈鷲山臺北講堂一行回山擔任志工。
	07/14	靈鷲山蘭陽講堂舉辦「親子禪」。
	07/14	靈鷲山紐約道場啟建「慈悲三昧水懺法會」。
	07/17	靈鷲山臺南分院舉辦「委員儲委聯誼會」。
	07/19～07/21	靈鷲山國際青年團於下院聖山寺舉辦「第七屆國際哈佛青年營」。
	07/20	世界宗教博物館「供養藝術——心、器、法的對話特展」舉辦「宗教神聖器物的人類學研究：以宗教用香為例」講座，邀請中央研究院民族學研究所所長張珣主講。
	07/20	靈鷲山臺北講堂啟建「慈悲三昧水懺法會」。
	07/20～07/21	靈鷲山泰國禪修中心舉辦「四期教育專題課程——生命關懷」。
	07/21～07/27	靈鷲山於上院華藏海圓通寶殿舉辦「平安禪七」。
	07/21	靈鷲山於觀音菩薩成道日（農曆六月十九日）舉辦「觀音三會大朝山」。
柒	07/21	靈鷲山基隆講堂、臺北講堂、樹林中心、中壢中心、嘉義中心、高屏講堂、蘭陽講堂及花蓮中心於觀音菩薩成道日回山參與「觀音三會大朝山」。
	07/21	靈鷲山臺北講堂、桃園講堂、中壢中心及嘉義中心於上院無生道場舉辦「大悲咒共修」。
	07/21	靈鷲山臺南分院舉辦「親子禪」。
	07/21	靈鷲山高屏講堂啟建「慈悲三昧水懺法會」。
	07/24	靈鷲山上院無生道場、下院聖山寺獲新北市政府頒發新北市一〇七（二〇一八年）年度績優宗教團體「社會教化獎」。
月	07/26～07/28	靈鷲山慧命成長學院於上院無生道場舉辦「四期教育：法教志工培訓課程」。
	07/27	世界宗教博物館舉辦暑假好好玩「宗博一日探索營：世界動物園探險趣」教育活動。
	07/27～08/04	世界宗教博物館發展基金會於生命多元空間舉辦「國際南傳佛教課程——在家居士必修學分班」，禮請緬甸仰光全國上座部佛教巴利大學校長鳩摩羅尊者主講《安般念經》、《三寶經》及《慈經》。
	07/27	靈鷲山新北分院、新莊中港中心及花蓮中心分別舉辦「大悲咒共修」。
	07/27～07/28	靈鷲山高屏講堂舉辦「親子禪」。
	07/28	世界宗教博物館「供養藝術——心、器、法的對話特展」期間，舉辦「和敬清寂：日本茶道文化」講座，邀請日本裏千家茶道助教祝曉梅主講。
	07/28	靈鷲山臺南分院舉辦「《大乘妙法蓮華經法華經》經典共修」與「普仁學子回娘家」。
	07/28	靈鷲山紐約道場舉辦「《藥師琉璃光如來本願功德經》經典共修」。
	07/29～08/11	靈鷲山慈善基金會顏妙桂董事籌組、帶領五位志工老師，前往緬甸北撣邦南坎地區舉辦「二〇一九年緬甸華校幼兒教育師資研習」，為當地華校培育專業幼教師資，共計有八校五十一位教師參加。
	7/30	靈鷲山於桃園市綜合會議廳舉辦二〇一九年水陸法會記者會，由當家常存法師、桃園市副市長李憲明與多位貴賓共同召開。
	07/30	靈鷲山花蓮中心舉辦「《地藏菩薩本願經》經典共修」。
	07/31	靈鷲山嘉義中心每週三舉辦「經典導讀」。

	08/01、08/30	靈鷲山臺北講堂、花蓮中心分別舉辦「平安禪共修」。
	08/01、15、30	靈鷲山樹林中心舉辦「初一、十五佛供暨誦戒會」。
	08/01～08/29	靈鷲山中壢中心每週四舉辦「敦煌舞」。
	08/01、15、29	靈鷲山臺中講堂、嘉義中心、臺南分院及高屏講堂分別舉辦「初一、十五佛供」。
	08/01、15、30	靈鷲山臺南分院舉辦「大悲咒共修」。
	08/01、15、30	靈鷲山蘭陽講堂舉辦「初一、十五《金剛般若波羅蜜經》經典共修暨佛供」。
	08/01～08/29	靈鷲山蘭陽講堂每週四舉辦「平安禪(基礎班)」。
	08/01、15、30	靈鷲山花蓮中心舉辦「《藥師琉璃光如來本願功德經》經典共修暨佛前大供」。
	08/02～08/30	靈鷲山臺南分院每週五舉辦「平安禪暨讀書會」。
	08/02	靈鷲山高屏講堂舉辦「平安禪(進階禪訓)」。
	08/02～08/23	靈鷲山花蓮中心每週五舉辦「平安禪共修」。
	08/03～08/31	靈鷲山中壢中心每週六舉辦「敦煌舞」。
捌	08/03	靈鷲山嘉義中心舉辦「平安禪共修」。
	08/03	靈鷲山高屏講堂舉辦「百萬大悲咒共修」與「水陸法會行前說明會」。
	08/04～08/25	靈鷲山臺南分院每週日舉辦「《地藏菩薩本願經》經典共修」。
	08/04	靈鷲山花蓮中心舉辦「《地藏菩薩本願經》經典共修」(共食禪)。
月	08/05	靈鷲山基隆講堂舉辦「誦戒會」。
	08/05～08/26	靈鷲山中壢中心每週一舉辦「敦煌舞」。
	08/05～08/26	靈鷲山臺南分院每週一舉辦「敦煌能量舞」與「昆達里尼瑜伽」。
	08/06～08/27	靈鷲山嘉義中心舉辦「瑜伽班」。
	08/06～08/27	靈鷲山臺南分院每週二舉辦「《大乘妙法蓮華經》經典共修」。
	08/06～08/27	靈鷲山蘭陽講堂每週二舉辦「平安禪暨經典共修」。
	08/07～08/14	靈鷲山於桃園市巨蛋體育館舉辦「第二十六屆水陸空大法會」,以「息災解厄」為本屆法會主軸,現場並推廣下院聖山寺「福城」建設,以及靈鷲山慈善基金會的「匯聚樂施 愛在弄曼」護持弄曼的教育事業。
	08/07	靈鷲山水陸空大法會,靈鷲山先於桃園巨蛋體育館東大門舉辦「感恩大地・地球平安」宗教聯合祈福會,邀請桃園當地宮廟代表近200人,以及桃園市副市長游建華等官員及議員,共同持穗感恩大地,並恭請開山大和尚心道法師領眾進行一分鐘平安禪。
	08/07	靈鷲山水陸空大法會,恭請心道法師主持「外壇灑淨儀式」,二〇一九靈鷲山水陸空法會正式啟壇。
	08/07～08/28	靈鷲山中壢中心每週三舉辦「敦煌舞」。
	08/07～08/28	靈鷲山臺南分院每週三舉辦「昆達里尼瑜伽」與「心緣合唱團」。

	08/08	靈鷲山水陸空大法會期間，靈鷲山國際青年團於桃園巨蛋體育館舉辦「青年團與師有約——同學會」。
	08/09	靈鷲山水陸空大法會期間，禮請緬甸仰光全國上座部國立佛教巴利大學校長鳩摩羅尊者於梁皇大壇主持「八關齋戒受戒法會」。
	08/09	靈鷲山水陸空大法會期間，藏傳佛教寧瑪派傳承釋迦仁波切光臨桃園巨蛋體育館，拜會心道法師。
	08/10	靈鷲山水陸空大法會啟建「內壇結界儀式」。
	08/10、08/11	靈鷲山水陸空大法會期間，心道法師於桃園巨蛋體育館為大眾進行「皈依儀式」，共兩場。
	08/10～10/20	世界宗教博物館舉辦「樂齡天團——老而彌堅的熱力」特展。
	08/10	世界宗教博物館舉辦「父親節慶祝活動：我的爸爸是超人」教育活動。
	08/11	靈鷲山水陸空大法會期間，世界宗教博物館於桃園巨蛋體育館舉辦「佛教供養文化體驗」教育活動。
	08/11	靈鷲山水陸空大法會期間，靈鷲山榮譽董事會於桃園巨蛋體育館舉辦「榮董水陸拈香暨與師有約」。
	08/12	靈鷲山水陸空大法會啟建「幽冥戒儀式」，新北市長侯友宜、前新北市長朱立倫蒞臨現場，並與心道法師共同拈香祈福。
捌	08/12	靈鷲山水陸空大法會期間，靈鷲山於桃園巨蛋體育館舉辦「第三場齋僧法會」，恭請緬甸仰光全國上座部國立佛教巴利大學校長鳩摩羅尊者主持。
	08/13	靈鷲山水陸空大法會期間，中華民國總統蔡英文親臨桃園巨蛋體育館並與心道法師共同於內壇拈香祈福。
月	08/13	靈鷲山水陸空大法會期間，靈鷲山於桃園巨蛋體育館舉辦「愛心贊普活動」，將募集物資與桃園地區弱勢團體以及桃園、新北市等有需要的家庭結緣。
	08/13～08/27	靈鷲山高屏講堂每週二舉辦「書法抄經班」。
	08/14	靈鷲山水陸空大法會啟建「圓滿送聖儀式」。
	08/14～08/28	靈鷲山高屏講堂每週三舉辦「經典共修」。
	08/15～08/17	靈鷲山海內外水陸功德主一行回山參訪。
	08/16～08/30	靈鷲山樹林中心每週五舉辦「助念團培訓課程」。
	08/16～08/30	靈鷲山高屏講堂每週五舉辦「禪坐共修」。
	08/17	世界宗教博物館舉辦「博物館教育功能提升系列課程：穆斯林的接待服務實務」，邀請中華民國觀光導遊協會理事馬耀祖主講。
	08/17	靈鷲山全球心寧靜教師團於慧命教室舉辦「全球心寧靜教師團團員大會」。
	08/17	靈鷲山基隆講堂舉辦「大悲咒共修」。
	08/17～08/31	靈鷲山樹林中心每週六舉辦「兒童讀經班」。
	08/18	靈鷲山護法會新北A區於上院華藏海大講堂舉辦「水陸分享聯誼會」。

	08/18	靈鷲山基隆講堂「一日禪」。
	08/18	靈鷲山臺北講堂舉辦「企業禪」。
	08/19、08/26	靈鷲山桃園講堂舉辦「敦煌舞」。
	08/20、08/27	靈鷲山基隆講堂舉辦「禪坐共修」。
	08/20、08/27	靈鷲山臺北講堂舉辦「平安禪共修」。
	08/20、08/27	靈鷲山樹林中心、中壢中心分別舉辦「平安禪暨經典共修」。
	08/21	心道法師帶領靈鷲山法師一行，前往高雄市佛光山向星雲大師祝壽。
	08/21～08/25	靈鷲山龍樹生命和平教育中心於上院無生道場舉辦「龍樹EPL生命和平大學習」。
	08/21、08/28	靈鷲山基隆講堂舉辦「書法班」。
	08/21、08/28	靈鷲山臺北講堂舉辦「經脈導引」與「平安禪共修」。
	08/21、08/28	靈鷲山新莊中港中心舉辦「平安禪暨經典共修」。
捌	08/21、08/28	靈鷲山桃園講堂舉辦「敦煌舞（基礎班）」。
	08/21	靈鷲山花蓮中心舉辦「《大乘妙法蓮華經》經典共修暨平安禪」。
	08/22	靈鷲山桃園講堂舉辦「平安禪暨經典共修」。
	08/23～08/25	靈鷲山於上院華藏海圓通寶殿舉辦「平安禪三」。
月	08/24	世界宗教博物館舉辦「樂齡天團——老而彌堅的熱力」特展期間，由宗博館導覽員進行主題導覽。
	08/24	世界宗教博物館舉辦「樂齡天團——老而彌堅的熱力」特展期間，邀請搖滾爺奶團隊主講「長壽湯仙女」、「奶奶的皺紋」、「香蕉爺爺香蕉奶奶」主題故事。
	08/24	世界宗教博物館舉辦「樂齡天團——老而彌堅的熱力」特展期間，舉辦「紙想送給你——紅龜粿傳情：祖孫DIY」教育活動。
	08/24～08/25	靈鷲山慧命成長學院於蘭陽講堂舉辦「梵唄課」。
	08/24	靈鷲山國際青年團於下院聖山寺舉辦「跟著悉達多來探險」教育活動。
	08/24	靈鷲山臺北講堂、花蓮中心分別舉辦「百萬大悲咒共修」。
	08/24	靈鷲山新北分院參與永和辦公室社區普渡。
	08/24	靈鷲山新莊中港中心舉辦「大悲咒共修」。
	08/24	靈鷲山高屏講堂舉辦「一日禪」。
	08/24～08/25	靈鷲山蘭陽講堂舉辦「梵唄課」。
	08/25	心道法師暨靈鷲山法師受中華國際齋僧功德會邀請，應供出席於國立體育大學綜合體育館（林口體育館）舉辦「國際供佛齋僧大會」。

	08/25	靈鷲山基隆講堂一行回山擔任志工。
	08/25	靈鷲山臺北講堂舉辦「《大乘妙法蓮華經》經典共修」。
	08/25	靈鷲山桃園講堂、嘉義中心及臺南分院分別舉辦「水陸聯誼分享會」。
	08/26〜08/30	靈鷲山於上院華藏海大講堂舉辦「徒眾講習會」，並邀請佛光山妙士法師為僧眾授課。
	08/26	靈鷲山新北分院舉辦「平安禪暨經典共修」。
	08/26	靈鷲山臺中講堂回山舉辦「齋僧」。
捌	08/28	中國佛教協會副會長、陝西省佛教協會會長、西安大慈恩寺方丈增勤大和尚率領的參訪團，包括中國佛教協會國際部悟一法師、陝西佛教協會、新疆維吾爾自治區佛協的法師十六名，以及中華宗教文化交流協會國家宗教局、中華國際供佛齋僧功德會居士一行二十九人來山參訪，並拜會心道法師。
	08/28	世界宗教博物館舉辦「博物館教育功能提升系列課程：佈老志工時間銀行存本專案」，邀請新北市政府社會局專員主講。
	08/28、09/02	靈鷲山慈善基金會於緬甸東枝東宜地區舉辦「緬甸偏鄉華文學校師資研習暨駐校輔導計畫」。
	08/28	靈鷲山嘉義中心舉辦「《大乘妙法蓮華經》經典共修暨平安禪」。
月	08/29	靈鷲山桃園講堂舉辦「助念團大共修」。
	08/29	靈鷲山臺中講堂舉辦「《金剛般若波羅蜜經》經典共修」。
	08/30	靈鷲山新莊中港中心舉辦「初一、十五燃燈供佛」。
	08/31	世界宗教博物館舉辦「樂齡天團 —— 老而彌堅的熱力」特展期間，舉辦「一日彭祖逛宗博」體驗活動。
	08/31	靈鷲山榮譽董事會於新北市福隆福容大飯店舉辦「秋禪聯會」。
	08/31〜09/01	靈鷲山護法會於下院聖山寺、臺南分院分別舉辦「委員成長營」。
	08/31	靈鷲山臺北講堂一行回山擔任志工。
	08/31	靈鷲山桃園講堂舉辦「大悲咒暨平安禪修」。
玖	09/01	世界宗教博物館舉辦「熱齡天團 —— 老而彌堅的熱力」特展期間，邀請張啟華文化藝術基金會執行長許禮安醫師主講「樂齡心理與退休準備 —— 談生命關懷與安寧療護」。
	09/01〜09/15	世界宗教博物館發展基金會於生命和平多元空間舉辦「華夏神話著作·雕塑雙特展」，邀請藝術家徐瑞與雕塑家游曜鴻作為策展藝術家。
	09/01	靈鷲山基隆講堂舉辦「大悲咒共修」。
	09/01	靈鷲山臺北講堂、新北分院分別舉辦「一日禪」。
	09/01	靈鷲山樹林中心一行回山擔任志工。
月	09/02〜09/11	靈鷲山於上院無生道場舉辦「僧眾秋季禪十閉關」。
	09/02	世界宗教博物館舉辦「博物館教育功能提升系列課程：臺北清真寺體驗參訪」。

09/02	世界宗教博物館舉辦「博物館教育功能提升系列課程：優質化銀髮生活參訪」，帶領學員參訪桃園市長庚養生村。
09/02	靈鷲山基隆講堂舉辦「誦戒會」。
09/02～09/30	靈鷲山新北分院每週一舉辦「平安禪（九分禪）」與「經典共修」。。
09/02～09/30	靈鷲山桃園講堂每週一舉辦「敦煌舞」。
09/02～09/30	靈鷲山臺南分院每週一舉辦「昆達里尼瑜伽」。
09/03～09/24	靈鷲山基隆講堂每週二舉辦「禪坐共修」。
09/03～09/24	靈鷲山臺北講堂每週二舉辦「平安禪共修」。
09/03～09/24	靈鷲山樹林中心、中壢中心及蘭陽講堂每週二分別舉辦「平安禪暨經典共修」。
09/03～09/24	靈鷲山嘉義中心每週二舉辦「瑜伽班」。
09/03～09/24	靈鷲山臺南分院每週二舉辦「《大乘妙法蓮華經》經典共修」。
09/03～09/24	靈鷲山高屏講堂每週二舉辦「書法抄經班」。
09/04～10/09	世界宗教博物館發展基金會每週三於生命和平多元空間舉辦「藥‧香‧茶道學」，邀請林淑子講師主講。
09/04～09/25	靈鷲山基隆講堂每週三舉辦「書法班」。
09/04～09/25	靈鷲山臺北講堂每週三舉辦「經脈導引」與「平安禪共修」。
09/04～09/25	靈鷲山新莊中港中心每週三舉辦「平安禪（九分禪）暨經典共修」。
09/04～09/25	靈鷲山桃園講堂每週三舉辦「敦煌舞（初級班）」。
09/04～09/25	靈鷲山中壢中心每週三舉辦「敦煌舞」。
09/04、09/11	靈鷲山嘉義中心舉辦「《大乘妙法蓮華經》經典共修暨平安禪」。
09/04～09/25	靈鷲山臺南分院每週三舉辦「昆達里尼瑜伽」。
09/04～09/25	靈鷲山臺南分院每週三舉辦「心緣合唱團」。
09/04～09/25	靈鷲山高屏講堂每週三舉辦「經典共修」。
09/04	靈鷲山高屏講堂舉辦幹部會議。
09/04、09/11	靈鷲山花蓮中心舉辦「禪繞畫」課程。
09/05～09/26	靈鷲山桃園講堂每週四舉辦「平安禪暨經典共修」。
09/05～09/26	靈鷲山中壢中心每週四舉辦「敦煌舞」。
09/05～09/26	靈鷲山臺南分院每週四舉辦「《大乘妙法蓮華經》讀書會」。
09/05～09/26	靈鷲山花蓮中心每週四舉辦「平安禪（基礎班）」。
09/06～09/27	靈鷲山樹林中心每週五舉辦「助念團培訓課程」。

玖

月

	09/06～09/27	靈鷲山臺南分院每週五舉辦「平安禪共修暨讀書會」。
	09/06～09/27	靈鷲山高屏講堂每週五舉辦「禪法共修」。
	09/06～09/27	靈鷲山花蓮中心每週五舉辦「平安禪修」。
	09/07	世界宗教博物館舉辦「熱齡天團──老而彌堅的熱力」特展期間，邀請新活藝術團隊講師教授「你的名字──押花字畫DIY」及「小時候──玻璃彩繪話童年」創意工作坊課程。
	09/07	靈鷲山臺北講堂舉辦「《大乘妙法蓮華經》經典共修」。
	09/07、09/21	靈鷲山樹林中心舉辦「兒童讀經班」。
	09/07～09/28	靈鷲山中壢中心每週六舉辦「敦煌舞」。
	09/07	靈鷲山嘉義中心舉辦「大悲咒暨平安禪共修」。
	09/07、09/21	靈鷲山新營共修處舉辦「大悲咒共修」。
玖	09/07	靈鷲山臺南分院於臺南市州北里里民活動中心舉辦「幸福人生講座：如何建構和諧的家庭關係」，邀請靈鷲山護法會副總會長呂碧雪主講。
	09/07	靈鷲山高屏講堂舉辦「百萬大悲咒共修」。
	09/07～09/28	靈鷲山馬來西亞吉隆坡中心舉辦「兒童快樂學佛營」。
	09/08	世界宗教博物館舉辦「熱齡天團──老而彌堅的熱力」特展期間，邀請成功老年學院執行長郭哲誠老師主講「老康健：老化不怕」。
	09/08	世界宗教博物舉辦「博物館教育功能提升系列課程：樂齡觀眾導覽技巧」，邀請國立臺灣歷史博物館公共服務組館員主講。
	09/08	世界宗教博物舉辦「博物館教育功能提升系列課程：志願服務與人際關係」，邀請十大傑出青年基金會副執行長林彩媚主講。
月	09/08	世界宗教博物舉辦「博物館教育功能提升系列課程：運用單位業務簡介及志願服務」，由宗博館教育推廣組主任蔡雅君主講。
	09/08	靈鷲山基隆講堂舉辦「一日禪」。
	09/08	靈鷲山樹林中心、蘭陽講堂分別舉辦「大悲咒共修」。
	09/08	靈鷲山臺中講堂啟建「慈悲三昧水懺法會」。
	09/11	靈鷲山慈善基金會於宗博生活館舉辦「普仁全球推行委員會第二次例行會議」。
	09/12～09/26	靈鷲山蘭陽講堂每週四舉辦「平安禪（基礎班）」。
	09/13～09/21	靈鷲山榮譽董事會舉辦「西藏朝聖之旅」。
	09/13、09/29	靈鷲山臺北講堂舉辦「千燈供佛法會」。
	09/13、09/29	靈鷲山新莊中港中心舉辦「初一、十五燃燈供佛」。
	09/13、09/29	靈鷲山樹林中心舉辦「初一、十五佛供暨誦戒」。

09/13、09/29	靈鷲山臺中講堂舉辦「佛供」。	
09/13、09/29	靈鷲山嘉義中心、臺南分院、新營共修處及高屏講堂分別舉辦「初一、十五佛供」。	
09/13、09/29	靈鷲山蘭陽講堂舉辦「初一、十五《金剛般若波羅蜜經》經典共修暨佛供」。	
09/13	靈鷲山花蓮中心舉辦「《藥師琉璃光如來本願功德經》經典共修暨佛前大供」。	
09/14	世界宗教博物館舉辦「奇幻精靈劇場：好圓好圓的月亮」教育活動。	
09/14	靈鷲山臺北講堂舉辦「百萬大悲咒共修」。	
09/15	靈鷲山新北分院啟建「慈悲三昧水懺法會」。	
09/15	靈鷲山紐約道場舉辦「《藥師琉璃光如來本願功德經》經典共修」。	
09/16	世界宗教博物館發展基金會與GFLP（Global Family for Love and Peace愛與和平地球家）於靈鷲山紐約道場舉辦「第三屆和平詩歌大滿貫Poetry Slam for Peace」活動。	
09/16~09/17	靈鷲山三乘佛學院於上院華藏海大講堂舉辦僧眾課程「四期教育：阿含高階主題師資培育課程」。	
09/16	靈鷲山臺南分院舉辦「大悲咒共修」。	
09/17	韓國上院寺義正法師、玄潭法師、福慧法師及兩位居士來山，拜會心道法師。	
09/17	靈鷲山三乘佛學院舉辦「靈鷲山三乘佛學院開學典禮（上）」。	
09/18、09/25	靈鷲山花蓮中心舉辦「平安禪暨經典共修」。	
09/19	藏傳佛教噶舉傳承第八世噶千仁波切來山，拜會心道法師，並為僧眾法師主講「般若專題：大手印心性指引」課程。	
09/19	世界宗教博物館舉辦「博物館教育功能提升系列課程：銀接樂齡觀眾服務樂齡志工服務趣」，由謝東宏講師主講。	
09/20~09/22	心道法師印尼弘法行程，親臨靈鷲山印尼中心為當地信眾開示，並出席信眾舉辦之晚宴餐會。隔天（09/22）於印尼The Kim Palace餐廳啟建「報恩消災藥師祈福法會」。	
09/20	心道法師印尼弘法行程期間，親臨靈鷲山印尼中心為當地信眾開示。	
09/20~09/22	靈鷲山於上院華藏海圓通寶殿舉辦「平安禪三」。	
09/20~09/22	靈鷲山慧命成長學院舉辦「四期教育專題課程——生命關懷」。	
09/20	靈鷲山桃園講堂舉辦幹部會議。	
09/20~09/22	靈鷲山馬來西亞柔佛中心舉辦「平安禪三（基礎）」。	
09/21	心道法師印尼弘法行程期間，出席印尼當地信眾舉辦的晚宴餐會。	
09/21	靈鷲山於石碇溪出海口舉辦「愛地球、愛和平」淨灘活動。	
09/21~09/22	靈鷲山慧命成長學院於蘭陽講堂舉辦「梵唄課」。	
09/21	靈鷲山國際青年團於下院聖山寺舉辦「跟著悉達多來探險」活動。	
09/21	靈鷲山臺北講堂、臺中講堂分別啟建「慈悲三昧水懺法會」。	

玖

月

玖 月	09/21	靈鷲山桃園講堂舉辦「大悲咒共修」。
	09/21～09/22	靈鷲山蘭陽講堂舉辦「梵唄課」。
	09/21	靈鷲山花蓮中心舉辦「百萬大悲咒共修」。
	09/22	心道法師印尼弘法行程期間，親臨靈鷲山印尼中心於印尼The Kim Palace饗廳啟建「報恩消災藥師祈福法會」。
	09/22	靈鷲山基隆講堂一行回山擔任志工。
	09/22	靈鷲山新莊中港中心舉辦「朝禮靈鷲聖山活動」。
	09/22	靈鷲山臺南分院於臺南市安平區觀夕平台舉辦淨灘活動。
	09/22	靈鷲山高屏講堂舉辦「一日禪」。
	09/22	靈鷲山泰國禪修中心舉辦「消災延壽藥師大法會」。
	09/23	靈鷲山緬甸弄曼沙彌學院「坐佛殿」落成完工。
	09/24	靈鷲山三乘佛學院於上院無生道場舉辦僧眾課程「四期教育：阿含高階主題師資培育課程」。
	09/28～09/29	靈鷲山於下院聖山寺啟建「秋季祭典暨大悲觀音圓滿施食法會」，恭請開山和尚心道法師主法；隔天啟建「五大士燄口超度法會」，法會圓滿後，舉辦「白米贊普活動」。
	09/28～09/29	靈鷲山於新北市政府大會議室舉辦「第二屆觀音文化國際論壇」，今年以「觀音文本」為題，邀請日本、尼泊爾、北京、臺灣等地的學者專家蒞臨發表論文演說。
	09/28	世界宗教博物館舉辦「奇幻精靈劇場：小石佛」教育活動。
	09/28～09/29	靈鷲山護法會於下院聖山寺善法大樓舉辦「幹部秋季成長營」
	09/28	靈鷲山臺北講堂一行回山擔任志工。
	09/28	靈鷲山新北分院、新莊中港中心分別舉辦「大悲咒共修」。
	09/29	世界宗教博物舉辦「博物館教育功能提升系列課程：馬雅人的文化及信仰」，邀請作家蔡佾霖主講。
	09/29	靈鷲山新莊中港中心舉辦「初一、十五共修」。
	09/29	靈鷲山臺南分院舉辦「《大乘妙法蓮華經》經典共修暨大悲咒共修」。
	09/29～09/30	靈鷲山高屏講堂回山舉辦「齋僧」，並進行「朝禮靈鷲聖山」活動。
	09/29	靈鷲山紐約道場啟建「慈悲三昧水懺法會」。
	09/30	心道法師於上院華藏海圓通寶殿接受常住法師為其暖壽。
拾 月	10/01～10/10	靈鷲山舉辦「尼泊爾朝聖禪修之旅」，由日本曹洞宗德林寺住持高岡秀暢法師（Ven.Master Hidenobu Takaoka）、日本同朋大學佛教文化研究所研究員周夏博士等專家同行帶領導覽。最後，心道法師於靈鷲山尼泊爾密勒日巴國際禪修中心教授朝聖團團員平安禪修。
	10/2	靈鷲山緬甸弄曼大善園寺恆明法師、緬甸生命和平大學計畫主持人邁克爾．馮．布魯克（Prof．Michael von Brück）教授拜訪國立國際南傳弘法大學，與有機農業土壤保育專家Prof. Dr Than Than Sein、環境能源專家 U Thein Maw進行座談。

	10/4~10/06	心道法師親臨臺北市劍潭青年活動中心教授「平安禪三」。
	10/4	靈鷲山緬甸弄曼大善園寺恆明法師、緬甸生命和平大學計畫主持人邁克爾‧馮‧布魯克（Prof . Michael von Brück）教授於Yangon Melia Hotel 拜會聯合國開發計畫署前助理秘書長 Prof. Nay Htun。
	10/05	世界宗教博物館舉辦「博物館教育功能提升系列課程：認識古埃及神祇」，邀請新月社藝術史學者邱建一主講。
	10/05~10/12	靈鷲山慈善基金會與長庚醫療體系合作，邀請長庚醫院高雄院區風濕過敏免疫科主治醫師陳嘉夆與林口院區胸腔科主治醫師陳維勳組織「送愛到緬甸義診醫療團」國際志工團隊，前往緬甸仰光、臘戌偏遠地區進行義診。
	10/05	靈鷲山於國立臺中教育大學實成演藝廳舉辦「『音』為有你，『譜』出希望」普仁獎慈善音樂會。
	10/06	靈鷲山臺北講堂一行回山擔任志工。
	10/06	靈鷲山臺中講堂啟建「慈悲三昧水懺法會」。
	10/07	靈鷲山於下院聖山寺善法大樓舉辦「壽誕供佛小齋天法會」，為心道法師提前暖壽。
拾	10/08~10/10	心道法師於尼泊爾弘法，親臨靈鷲山尼泊爾密勒日巴國際禪修中心教授「尼泊爾朝聖禪修之旅」的團員「平安禪三」。
	10/08	世界宗教博物館舉辦「供養藝術──心器法的對話」特展，期間舉辦「宗教供奉祭壇講座──普濟幽冥：瑜伽焰口施食儀式壇場內涵」，邀請臺灣民俗信仰學會第四屆理事長陳省身主講。
	10/08	靈鷲山緬甸弄曼大善園寺沙彌學院全體比丘法師、沙彌及教職員工於綠玉寶富貴殿為心道法師誦經暖壽。
	10/09~10/10	心道法師於尼泊爾弘法，前往尼泊爾毗盧林寺參訪，拜會堪布巴顛卻札，並共修蕢供法會。
月	10/11~10/14	心道法師馬來西亞弘法行程，於吉隆坡馬華大廈三春禮堂（Wisma MCA）主法「觀音蕢供消災祈福大法會」，會見當地信眾為大眾開示。
	10/12	世界宗教博物館舉辦「奇幻精靈劇場：河馬波波屁股大」教育活動。
	10/12	靈鷲山寂光寺啟建「地藏法會暨瑜伽焰口法會」。
	10/12	靈鷲山臺北講堂舉辦「百萬大悲咒共修」。
	10/13	靈鷲山臺北講堂舉辦「助念團聯誼會」。
	10/13	靈鷲山紐約道場啟建「《藥師琉璃光如來本願功德經》經典共修」。
	10/14	靈鷲山三乘佛學院於上院無生道場舉辦僧眾課程「四期教育：阿含高階主題師資培育課程」。
	10/16~10/25	世界宗教博物館舉辦「不丹朝聖行程」。
	10/16~10/20	靈鷲山新北分院啟建「梁皇寶懺法會」。
	10/17	靈鷲山於觀音菩薩出家日（農曆九月十九）舉辦「觀音三會大朝山」。
	10/19	靈鷲山榮譽董事會於新北市汐止寬和宴展館舉辦「新科榮董授證大會暨感恩午宴」。
	10/19	靈鷲山護法會於臺北講堂舉辦「儲委第二堂課」（北場）。

拾 月	10/19	靈鷲山國際青年團於下院聖山寺舉辦「跟著悉達多來探險」教育活動。
	10/20~11/08	心道法師於上院無生道場十一面觀音關房進行閉關。
	10/20	世界宗教博物館舉辦「熱齡天團——老而彌堅的熱力」特展，期間舉辦「老康健：老化不怕」專題講座，邀請國立交通大學生物科技學系助理教授黃楹棽主講。
	10/20	靈鷲山於石碇溪出海口步道舉辦「淨灘愛地球、愛和平」淨灘活動。
	10/20	靈鷲山護法會於臺南分院舉辦「儲委第二堂課」（南場）。
	10/20	靈鷲山桃園講堂啟建「慈悲三昧水懺法會」。
	10/20	靈鷲山嘉義中心啟建「地藏法會」。
	10/23	世界宗教博物館舉辦「博物館教育功能提升系列課程：認識佛教」，邀請中華維鬘學會名譽理事長鄭振煌主講。
	10/23~10/27	靈鷲山臺北講堂舉辦「梁皇寶懺法會暨瑜伽焰口」。
	10/26	世界宗教博物館舉辦「二〇一九愛的星球．萬聖節變裝派對」與「奇幻精靈劇場：萬聖節」教育活動。
	10/26	靈鷲山蘭陽講堂啟建「慈悲三昧水懺法會」。
	10/27~11/02	靈鷲山於上院華藏海圓通寶殿舉辦「平安禪七」（進階）。
	10/27	靈鷲山樹林中心、紐約道場分別啟建「慈悲三昧水懺法會」。
	10/27	靈鷲山花蓮中心舉辦「戶外一日禪」。
	10/28~10/30	靈鷲山馬來西亞檳城禪修中心舉辦「平安禪三」。
	10/31	世界宗教博物館舉辦「博物館教育功能提升系列課程：伊斯蘭教」，邀請中華民國觀光導遊協會理事長馬耀祖主講。
	10/31	靈鷲山慈善基金會於宗博館七樓生活文化館舉辦「第九屆第四次董事會議」。
拾 壹 月	11/01~11/03	靈鷲山於臺東縣東河部落舉辦「平安禪三」。
	11/01~11/03	靈鷲山慧命成長學院於上海合川空間舉辦「阿含進階課程——無我之道」。
	11/01~11/29	靈鷲山樹林中心每週五舉辦「助念團培訓課程」。
	11/01~11/29	靈鷲山臺南分院每週五舉辦「經典共修暨平安禪」。
	11/01~11/29	靈鷲山高屏講堂每週五舉辦「禪坐共修」。
	11/01~11/29	靈鷲山花蓮中心每週五舉辦「佛法概要暨平安禪」。
	11/02	靈鷲山於桃園市第一河濱公園舉辦第五屆大悲行腳活動，主題為「幸福桃園，地球平安」。
	11/02~11/30	靈鷲山中壢中心每週六舉辦「敦煌舞」課程。
	11/02~11/30	靈鷲山新營共修處每週六舉辦「大悲咒共修」。
	11/02	靈鷲山蘭陽講堂於上院無生道場舉辦「大悲咒共修」。

	11/02～11/03	靈鷲山紐約道場舉辦「平安禪三」。
	11/03	靈鷲山於新北市三重體育館舉辦2020年第一場水陸先修法會「藥師經暨瑜伽燄口法會」。
	11/03	靈鷲山嘉義中心舉辦「一日禪」。
	11/04	靈鷲山基隆講堂舉辦「誦戒會」。
	11/04～11/25	靈鷲山桃園講堂、中壢中心每週一分別舉辦「敦煌舞」。
	11/04～11/25	靈鷲山臺南分院每週一舉辦「敦煌能量舞」與「昆達里尼瑜伽」課程。
	11/05	世界宗教博物館受海峽經濟科技合作中心、中國文物協會邀請，於臺北市中華藝術館國際會議廳協助舉辦「二〇一九兩岸佛教文化藝術展」。
	11/05、12、19	靈鷲山三乘佛學院舉辦僧眾課程「中觀專題：中觀莊嚴論釋（五）」，禮請藏傳佛教寧瑪噶陀派傳承及印度德拉敦地區寧瑪大寺敏卓林佛學院院長堪祖拉尊仁波切昆秋韋瑟主講。
拾	11/05	靈鷲山基隆講堂舉辦「普仁獎（初審）」。
	11/05～11/26	靈鷲山臺北講堂每週二、三舉辦「平安禪共修」。
	11/05～11/26	靈鷲山樹林中心、桃園講堂及蘭陽講堂每週二分別舉辦「經典共修暨平安禪」。
壹	11/05～11/26	靈鷲山嘉義中心每週二舉辦「瑜伽班」。
	11/05～11/19	靈鷲山臺南分院每週二舉辦「《大乘妙法蓮華經》經典共修」。
	11/05～11/26	靈鷲山高屏講堂每週二舉辦「書法抄經班」。
月	11/06～11/27	靈鷲山臺北講堂每週三舉辦「經脈導引」。
	11/06～11/27	靈鷲山桃園講堂每週三舉辦「敦煌舞（初級班）」。
	11/06～11/27	靈鷲山中壢中心每週三舉辦「敦煌舞」。
	11/06、11/20	靈鷲山嘉義中心舉辦「《大乘妙法蓮華經》經典共修暨平安禪」。
	11/06～11/27	靈鷲山臺南分院每週二舉辦「昆達里尼瑜伽」與「心緣合唱團」。
	11/06～11/27	靈鷲山高屏講堂每週三舉辦「經典共修」。
	11/06	靈鷲山蘭陽講堂舉辦「幹部會議」。
	11/06～11/27	靈鷲山花蓮中心每週三舉辦「《大方廣佛華嚴經普賢行願品》暨平安禪修」。
	11/07～11/09	靈鷲山基隆講堂舉辦「孔雀明王經法會暨瑜伽燄口法會」。
	11/07～11/28	靈鷲山慧命成長學院每週四分別於臺北講堂、桃園講堂、臺中講堂、臺南分院、高屏講堂及蘭陽講堂舉辦「阿含高階課程——解脫之門」。
	11/07	靈鷲山桃園講堂舉辦「普仁獎（初審）」。
	11/07～11/28	靈鷲山桃園講堂每週四舉辦「敦煌舞」。
	11/07	靈鷲山蘭陽講堂舉辦「普仁獎志工培訓」。

	11/08～11/10	心道法師親臨中國江蘇省揚州市鑑真圖書館教授「平安禪三」。
	11/09	世界宗教博物館舉辦宗博十八週年館慶暨「愛與和平──兩岸書法交流特展」開幕儀式。
	11/09～2020/04/05	世界宗教博物館舉辦「愛與和平──兩岸書法交流特展」。
	11/09～12/31	世界宗教博物館舉辦「千年摩崖‧刻經碑拓特展」與「漢字記憶空間」雙特展。
	11/09	世界宗教博物館舉辦「奇幻精靈劇場：環球冒險趣」教育課程。
	11/09～11/30	靈鷲山樹林中心每週六舉辦「兒童讀經班」。
	11/09	靈鷲山臺中講堂舉辦「平安禪」。
	11/09	靈鷲山嘉義中心舉辦「普仁獎（初審）」與「普仁獎家訪志工培訓」。
	11/09	靈鷲山高屏講堂舉辦「一日禪」。
	11/09	靈鷲山花蓮中心舉辦「《地藏菩薩本願經》暨瑜伽燄口法會」。
	11/10	靈鷲山樹林中心舉辦「一日禪」。
拾	11/10	靈鷲山紐約道場啟建「《藥師琉璃光如來本願功德經》法會」。
	11/11、11/25～11/26	靈鷲山三乘佛學院舉辦僧眾教育「四期教育：阿含高階全山大堂研習課程（一）」，由靈鷲山法師主講。
壹	11/11、11/26	靈鷲山臺北講堂舉辦「千燈供佛法會」。
	11/11、11/26	靈鷲山樹林中心舉辦「初一、十五佛供暨誦戒會」。
	11/11、11/26	靈鷲山臺中講堂、嘉義中心、臺南分院、新營共修處及高屏講堂分別舉辦「初一、十五佛供」。
月	11/11、11/26	靈鷲山臺南分院舉辦「大悲咒共修」。
	11/11、11/26	靈鷲山蘭陽講堂舉辦「初一、十五金剛經共修暨佛供」。
	11/12～11/26	靈鷲山基隆講堂每週二舉辦「禪坐共修」。
	11/13	世界宗教博物舉辦「博物館教育功能提升系列課程：兒童導覽溝通技巧」，邀請思多力親子成長團隊負責人陳櫻慧主講。
	11/13～11/27	靈鷲山基隆講堂每週三舉辦「書法抄經班」。
	11/13	靈鷲山花蓮中心舉辦「百萬大悲咒共修」。
	11/14～11/28	靈鷲山慧命成長學院每週四於基隆講堂開設「阿含高階課程──解脫之門」。
	11/14～11/28	靈鷲山花蓮中心每週四舉辦「佛法概要暨平安禪共修」
	11/15～11/17	靈鷲山慧命成長學院於馬來西亞吉隆坡舉辦「阿含期初階課程──初轉之法」。
	11/16	世界宗教博物館發展基金會與在臺印度國際文化交流單位合作，於宗博館生命和平多元空間舉辦全臺首場「世界宗教文化體驗──錫克教慈善廚房」活動，心道法師蒞臨參加。

	11/16	靈鷲山於新北市貢寮區東興宮前挖子海灘舉辦「愛地球、愛和平」淨灘活動。
	11/16	靈鷲山榮譽董事會於上院無生道場舉辦「榮董菁英平安禪（二）」。
	11/16	靈鷲山臺北講堂一行回山擔任志工。
	11/17～11/25	靈鷲山於緬甸仰光大善園寺舉辦「南傳短期出家修道會」，由緬甸仰光全國上座部佛教巴利大學校長鳩摩羅尊者、心道法師為大眾擔任尊證。此行有來自中國、臺灣、馬來西亞、新加坡等地，共111位戒子參與短期出家。
	11/17	靈鷲山基隆講堂回山舉辦「平安禪修」，並擔任志工。
	11/17	靈鷲山臺北講堂舉辦「企業禪」。
	11/17	靈鷲山桃園講堂、臺南分院及高屏講堂分別啟建「慈悲三昧水懺法會」。
	11/19	世界宗教博物館獲文化部頒發「第十四屆文馨獎——金獎」殊榮，於臺北市松山文創園區5號倉庫接受表揚。
	11/20	靈鷲山三乘佛學院舉辦「茶道餐敘聯誼會」，禮請游添福老師主講。
拾壹月	11/21～24	心道法師泰國弘法行程，親臨靈鷲山泰國國際禪修中心於曼谷Summer Tree酒店舉辦「歲末迎新二〇二〇觀音百供祈福法會」；爾後，於靈鷲山泰國國際禪修中心主持「佛光普照‧賜福泰國」觀音菩薩、地藏菩薩、彌勒佛像開光大典。
	11/21	前國軍九三師張國杞團長夫人謝善美夫人逝世，心道法師前往泰國清邁萬養村為團長夫人祝禱。
	11/22～12/08	靈鷲山於全臺講堂舉辦「一期一會‧華嚴相會——創造幸福圓滿人生」講座，邀請高明誠老師主講。
	11/22～11/24	靈鷲山泰國國際禪修中心恭請心道法師主持「佛光普照‧賜福泰國」觀音菩薩、地藏菩薩、彌勒佛像開光大典。
	11/23	心道法師泰國弘法期間，親臨曼谷Summer Tree酒店主法「歲末迎新二〇二〇觀音百供祈福法會」。
	11/23～11/24	靈鷲山護法會於下院聖山寺善法大樓舉辦「幹部冬季成長營」。
	11/23	靈鷲山國際青年團於下院聖山寺舉辦「跟著悉達多來探險」教育活動。
	11/23	靈鷲山基隆講堂舉辦「朝禮靈鷲聖山」活動。
	11/23	靈鷲山桃園講堂舉辦「大悲咒共修」。
	11/24	世界宗教博物館舉辦「愛與和平——兩岸書法交流特展」，期間舉辦「從『意境』談兩岸書法的創作與審美」專題講座，邀請「愛與和平——兩岸書法交流特展」共同策展人暨靜宜大學副教授張志鴻主講。
	11/24	靈鷲山三乘佛學院於上院無生道場舉辦「『青』心暖冬假日學佛活動」。
	11/24	靈鷲山臺南分院舉辦「《大乘妙法蓮華經》經典共修暨大悲咒共修」。
	11/25	桃園市圓光佛學院性尚法師一行參訪靈鷲山緬甸弄曼沙彌學院，由靈鷲山恆明法師、學院副院長比丘接待。
	11/26	靈鷲山花蓮中心舉辦「《藥師琉璃光如來本願功德經》共修暨佛前大供」。
	11/27	靈鷲山嘉義中心舉辦「經典導讀」。
	11/29～12/01	靈鷲山榮譽董事會於新竹舉辦「四期教育專題課程——生命關懷」。

拾壹月	11/29	靈鷲山基隆講堂舉辦「普仁獎（複審）」。
	11/30	靈鷲山臺北講堂舉辦「《大乘妙法蓮華經》共修法會」。
	11/30～12/01	靈鷲山樹林中心舉辦「《佛母大金曜孔雀明王經》暨瑜伽燄口法會」。
	11/30	靈鷲山花蓮中心舉辦「百萬大悲咒共修暨平安禪」。
拾貳月	12/01	中國地區的靈鷲山信眾組成參訪團一行十五人前往緬甸弄曼沙彌學院、弄曼農場參訪。
	12/01	靈鷲山基隆講堂舉辦「大悲咒共修」。
	12/01	靈鷲山中港中心啟建「慈悲三昧水懺法會」。
	12/01	靈鷲山蘭陽講堂啟建「《藥師琉璃光如來本願功德經》暨燄口施食法會」。
	12/01	靈鷲山桃園講堂、臺南分院分別舉辦「一日禪」。
	12/01	靈鷲山緬甸弄曼沙彌學院協助青年佛教協會（YMBA）舉辦全國性僧伽羅語（Sinhala Pali）佛法與阿毘達摩（Abhidhamma）考試，沙彌學院也有三十位沙彌參加測驗。
	12/02～12/09	靈鷲山舉辦「第十八屆緬甸朝聖供萬僧」活動，分別於緬甸仰光、勃固、曼德勒、弄曼等地，供養當地五千位僧眾、沙彌及八戒女等眾。
	12/02	靈鷲山基隆講堂舉辦「誦戒會」。
	12/02～12/30	靈鷲山新北分院每週一舉辦「平安禪」與「經典共修」。
	12/02～12/30	靈鷲山桃園講堂、中壢中心每週一分別舉辦「敦煌舞」。
	12/02～12/30	靈鷲山臺南分院每週一舉辦「敦煌能量舞」與「昆達里尼瑜伽」。
	12/03～12/31	靈鷲山基隆講堂每週二舉辦「禪坐共修」。
	12/03～12/31	靈鷲山臺北講堂每週二舉辦「平安禪共修」。
	12/03～12/31	靈鷲山新北分院每週二舉辦「花與禪」。
	12/03～12/31	靈鷲山樹林中心、中壢中心及蘭陽講堂每週二分別舉辦「經典共修暨平安禪修」。
	12/03～12/24	靈鷲山嘉義中心每週二舉辦「瑜伽班」。
	12/03～12/31	靈鷲山臺南分院每週二舉辦「《大乘妙法蓮華經》經典共修」。
	12/03～12/31	靈鷲山高屏講堂每週二舉辦「書法抄經班」。
	12/04～12/25	靈鷲山基隆講堂每週三舉辦「書法抄經班」。
	12/04～12/25	靈鷲山臺北講堂每週三舉辦「經脈導引」與「平安禪共修」。
	12/04～12/25	靈鷲山新莊中港中心每週三舉辦「經典共修暨平安禪」。
	12/04～12/25	靈鷲山桃園講堂每週三舉辦「敦煌舞（初階班）」。
	12/04～12/25	靈鷲山中壢中心每週三舉辦「敦煌舞」。

	12/04、12/18	靈鷲山嘉義中心舉辦「《大乘妙法蓮華經》經典共修暨平安禪」。
	12/04~12/25	靈鷲山臺南分院每週三舉辦「昆達里尼瑜伽」。
	12/04~12/25	靈鷲山臺南分院每週三舉辦「心緣合唱團」。
	12/04~12/25	靈鷲山高屏講堂每週三舉辦「經典共修」。
	12/04	靈鷲山蘭陽講堂舉辦「幹部會議」。
	12/04	靈鷲山緬甸弄曼大善園寺綠玉寶富貴殿坐佛開光儀式，由心道法師親臨主持。儀式當天，邀請緬甸中央僧伽委員會常委暨秘書長巴丹達‧桑蒂瑪畢萬薩尊者及委員會副主席、副秘書長與兩位委員。同時禮請到緬甸仰光全國上座部佛教巴利大學校長鳩摩羅尊者、緬甸曼德勒上座部巴利佛教大學副校長巴丹達，固穆達，以及不丹國師偉瑟仁波切及臘戌僧伽委員會主席曼殊比丘尊者，及當地比丘、八戒女以及各界貴賓等近兩千位僧信，共同見證開光儀式。
	12/05、12/12	靈鷲山基隆講堂、臺北講堂、新北分院及桃園講堂分別舉辦「四期教育阿含高階課程──解脫之門」。
	12/05~12/26	靈鷲山中壢中心每週四舉辦「敦煌舞」。
	12/05	靈鷲山高屏講堂、蘭陽講堂分別舉辦「四期教育阿含高階課程──解脫之門」。
拾貳月	12/06~12/08	靈鷲山馬來西亞柔佛中心於馬來西亞佛教總會隆華樂齡村舉辦「第六屆青少年快樂學佛營」。
	12/06~12/27	靈鷲山樹林中心每週五舉辦「助念團培訓課程」。
	12/06~12/27	靈鷲山高屏講堂每週五舉辦「禪法共修」。
	12/07	靈鷲山臺北講堂啟建「慈悲三昧水懺法會」。
	12/07~12/28	靈鷲山樹林中心每週六舉辦「兒童讀經班」。
	12/07~12/28	靈鷲山中壢中心每週六舉辦「敦煌舞」。
	12/07	靈鷲山嘉義中心舉辦「普仁獎複審」。
	12/07、12/21	靈鷲山新營共修處舉辦「大悲咒共修」。
	12/08	靈鷲山慈善基金會於高雄市蓮潭會館舉辦「第十七屆高屏地區普仁獎頒獎典禮」。
	12/08	靈鷲山基隆講堂、泰國國際禪修中心分別舉辦「一日禪」。
	12/08	靈鷲山臺北講堂舉辦「百萬大悲咒共修」。
	12/08	靈鷲山樹林中心舉辦「歲末感恩聯誼」。
	12/08	靈鷲山中壢中心啟建「慈悲三昧水懺法會」。
	12/08	靈鷲山臺南分院舉辦「智慧人生講座」。
	12/08	靈鷲山蘭陽講堂舉辦「大悲咒共修」。
	12/10、12/26	靈鷲山臺北講堂舉辦「千燈供佛法會」。
	12/10、12/26	靈鷲山新莊中港中心舉辦「初一、十五燃燈供佛」。

207

	12/10、12/26	靈鷲山樹林中心舉辦「初一、十五佛供暨誦戒會」。
	12/10、12/26	靈鷲山臺中講堂舉辦「佛供」。
	12/10、12/26	靈鷲山嘉義中心、臺南分院、新營共修處及高屏講堂分別舉辦「初一、十五佛供」。
	12/10	靈鷲山臺南分院舉辦「大悲咒共修」。
	12/10、12/26	靈鷲山蘭陽講堂舉辦「初一、十五金剛經共修暨佛供」。
	12/11	臺灣法雨同修會會長一行共四十人前往緬甸臘戌弄曼沙彌學院、弄曼農場參觀。
	12/11	靈鷲山花蓮中心舉辦「百萬大悲咒共修」。
	12/12～12/26	靈鷲山桃園講堂每週四舉辦「經典共修暨平安禪」。
	12/12	靈鷲山臺南分院舉辦「四期教育阿含高階課程——解脫之門」。
	12/12	靈鷲山花蓮中心舉辦「阿彌陀佛聖誕共修暨佛供」與「平安禪共修」。
拾	12/13～12/29	靈鷲山於下院聖山寺善法大樓啟建「二〇一九年靈鷲山華嚴法會」，並於下院聖山寺金佛殿舉辦「華嚴經柱裝臟儀式」。
貳	12/13	靈鷲山慈善基金會於澎湖市特教中心綜合館舉辦「第十七屆澎湖地區普仁獎頒獎典禮」。
	12/13	靈鷲山桃園講堂舉辦「幹部會議」。
月	12/14	靈鷲山護法會於臺北講堂舉辦「儲委第一堂課」。
	12/14、12/21、12/15、12/22、12/28	華嚴法會期間，靈鷲山榮譽董事會於下院聖山寺善法大樓舉辦「華嚴法會榮董拈香」。
	12/15	靈鷲山慈善基金會於臺中市政府川堂舉辦「第十七屆臺中地區普仁獎頒獎典禮暨園遊會」。
	12/15	靈鷲山護法會於臺南分院舉辦「儲委第一堂課」。
	12/15	靈鷲山基隆講堂回山擔任志工。
	12/16	靈鷲山臺北講堂回山舉辦齋僧。
	12/20	泰國十九間寺廟住持等一行來山參訪，並拜會心道法師。
	12/20	靈鷲山桃園講堂舉辦「普仁獎複審」。
	12/21	世界宗教博物館「愛與和平兩岸書法交流展特展」期間，舉辦專題講座「從千年搨本美學，看書法與篆刻創作」，邀請前國立臺北藝術大學美術系專任教授李蕭錕主講。
	12/21～12/22	靈鷲山全球心寧靜教師團於上院無生道場舉辦「心寧靜領導力培訓課程」。
	12/21	靈鷲山於新北市石碇溪出海口步道舉辦「淨灘愛地球、愛和平活動」。
	12/21	靈鷲山臺中講堂舉辦「平安禪共修」。

	12/22	世界宗教博物館舉辦「愛與和平兩岸書法交流展特展」期間，舉辦「愛的印記：篆刻集體創作」工作坊，邀請篆刻藝術推廣講師蔡孟宸主講。
拾	12/22	靈鷲山慈善基金會於嘉義市政府中庭舉辦「第十七屆嘉義地區普仁獎頒獎典禮」。
	12/22	中華民國僑委會張良民主任祕書與駐緬甸代表處張文華組長，與臘戌果文文教會柳潤倉會長、果民學校楊振茂校長、果邦學校賴志賢校長等一行參訪靈鷲山弄曼沙彌學院、弄曼農場。
	12/22	緬甸撣邦臘戌市舉辦「臘戌巴利考試頒獎典禮」，靈鷲山弄曼沙彌學院副院長帶領比丘、兩百位通過測驗的沙彌代表領獎。
貳	12/25	靈鷲山嘉義中心舉辦「大悲咒共修」。
	12/26	靈鷲山花蓮中心回山舉辦齋僧。
	12/28	靈鷲山慈善基金會於基隆市榮桂冠酒店彭園會館舉辦「第十七屆基隆地區普仁獎頒獎典禮」。
	12/28	靈鷲山慈善基金會於蘭陽講堂舉辦「第十七屆蘭陽地區普仁獎頒獎典禮暨歲末聯誼」。
	12/28	靈鷲山臺北講堂一行回山擔任志工。
月	12/28	靈鷲山新北分院、新莊中港中心、桃園講堂及中壢中心舉辦「大悲咒共修」。
	12/29	靈鷲山華嚴法會圓滿日，於下院聖山寺善法大樓啟建「二〇二〇年第二場水陸先修法會 —— 普賢行願品暨五大士燄口」。
	12/29	靈鷲山慈善基金會於臺南市南紡夢時代雅悅會館舉辦「第十七屆臺南地區普仁頒獎典禮」。
	12/29	靈鷲山新莊中港中心舉辦「朝禮靈鷲聖山活動」。
	12/29	靈鷲山樹林中心一行回山擔任志工
	12/30	靈鷲山臺中講堂回山舉辦齋僧。

國家圖書館出版品預行編目（CIP）資料

靈鷲山弘法紀要. 2019 / 釋法昂等編輯. --初版.--
　　新北市：靈鷲山般若出版, 2020.01
面；公分
ISBN 978-986-97888-7-8(平裝)

1.佛教教化法 2.佛教說法
225.4　　　　　　　　　　　　　109000371

靈鷲山2019弘法紀要

總 策 劃　釋了意
編　　審　靈鷲山文獻中心及出版中心
編 輯 群　釋法昂、釋寶欣、陳坤煌、林佳儀、蔡承恩
美　　編　馬念慈、蔡明娟
影片剪輯　靈鷲山文獻中心
圖片提供　靈鷲山攝影組志工

發 行 人　陳惠娟
出版發行　財團法人靈鷲山般若文教基金會附設出版社
劃撥帳戶　財團法人靈鷲山般若文教基金會附設出版社
劃撥帳號　18887793
地　　址　23444新北市永和區保生路2號21樓
電　　話　（02）2232-1008
傳　　真　（02）2232-1010
網　　址　www.093books.com.tw
讀者信箱　books@ljm.org.tw

法律顧問　永然聯合法律事務所
印　　刷　東豪印刷事業有限公司
初版一刷　2020年1月
定　　價　新臺幣600元
I S B N　　978-986-97888-7-8（平裝）

靈鷲山般若書坊